KB272329

최강의 일하는 방식
키엔스

최강의 일하는 방식

키엔스

사이타 신지 지음 | 강모희 옮김

지상사 Jisangsa

당신이

친구에게 최신 기종의 아이폰을

사라고 추천한다고

가정해보자.

그 친구는 오랫동안 아이폰을 애용했고,
지금 이용 중인 모델이
한참 전에 나온 기종이라
최신 모델에 관심이 많을 것 같다.

당신은
새로운 기능에 대한 설명을 늘어놓았다.

“카메라를 제어하는 새로운 버튼이 생겼어”
“최신 AI 기능도 적용할 수 있대”
“예전 모델에는 없었던 오디오 재생 기능도 있어”

그리고 다음과 같이 설득했다.
“무조건 사야지!”

그런데 친구의 반응은 시큰둥…….

대체 무슨 이유일까?

알고 보니 그 친구는
스마트폰 같은 IT 기기를 다루는 것이 불편해서,
기본적인 조작 방식이 크게 변하지 않는
아이폰을 계속 사용했다고 한다.

'예전부터 변함없는 것'에 가치를 두는 사람에게
당신이 끊임없이 새로운 기능을 설명하고
심지어 버튼이 생긴 것까지 친절히 알려주니,
오히려 사겠다는 마음이 완전히 사라졌다고 한다.

이처럼 상대방이 느끼는 가치와
당신이 내세우는 매력이 항상 일치하는 것은 아니다.

그럼 어떻게 하면 좋을까?

이번에는

처음 만나는 고객의 사무실을 방문하는

장면을 상상해보자.

당신은 이때 무엇을 가져갈 것인가?

너무 비싸지 않은 선물?

신경 써서 만든 명함?

가방 아래에 깔아둘 손수건?

나는 방문할 회사의 홈페이지를

인쇄하여 들고 간다.

그리고 커다란 노트를 준비한다.

기업 홈페이지에는

회사 전략과 과거 설비 투자, 거래처,

IR 데이터 등 다양한 정보가 공개되고 있다.

앞으로 그 기업과 거래하고 싶은 영업 담당자에게는

알아두면 좋은 정보가 가득하다.

인사가 끝나면,

프린트해 온 자료를 책상 위에 놓는다.

여기서 중요한 것은 이를 자기 자리 쪽에 놓지 말고
상대방(여러 명일 경우도)과의 사이에 배치하고
함께 자료를 보면서 이야기해야 한다는 점이다.

단지 그것만으로도 고객의 반응이 완전히 달라진다.

신기하게도 상대방의 본심을 이끌어낼 수 있다.

그리고 상대방의 기억에 남게 된다.

그런 일이 어떻게 일어날 수 있을까.

이는 상대방과 나의 '관점'이 겹치기 때문이다.
그리고 상대방과 나의 '마음'이 일치하기 때문이다.

당신의 '이렇게 해줬으면 좋겠다'는 마음을
상대방의 '이렇게 하고 싶다'로 바꾸는 것이다.

이것이 가능하다면,
무슨 일이든 잘 풀릴 수밖에 없다. 무조건이다.
대인 관계에 서투른 사람도 불안을 떨치고
자신감을 가질 수 있다.

누구나 쉽게, 짧은 시간으로도 성과를 낼 수 있다.
그 비결을 이제 전하고자 한다.

동기 중 최하위였던 내가 영업 실적 1등을 5번이나 차지한 이유

키엔스라는 회사를 알고 있는가?

나는 대학을 졸업하고 13년 반 동안, 이 회사에서 영업 사원으로 일했다.

키엔스는 일반적인 지명도는 높지 않은 편이지만, 영업직 회사원이나 주식 투자에 관심 있는 사람은 어느 정도 알려진 존재이다. 공장 자동화가 도입된 곳에서 활용하는 센서나 측정기, 이미지 처리 장치 등이 주력 제품이며, 시가총액은 일본 회사 중에서 6위(2025년 5월 말 현재)이다. 이토추상사(伊藤忠商事), 미츠비시상사(三菱商事) 등의 거대 상사와 NTT 및 소프트뱅크 같은 통신

회사보다도 위에 있다.

가장 큰 특징은 영업이익률이 매우 높다는 점인데, 놀랍게도 매출의 50% 이상이 영업이익이다.

일본을 대표하는 대기업인 토요타가 11.9%, 히타치가 7.8%(2024년 기준)이니, 키엔스가 얼마나 대단한지 알 수 있을 것이다. 그 원동력은 바로 **압도적인 영업력**이다.

1974년에 설립된 후발 주자인데도 경쟁사의 시장 점유율을 야금야금 빼앗으며 마침내 업계 1위로 급성장했다. 당연히 그 이면에는 최고 수준의 영업 사원들이 우글우글한데, 키엔스의 임직원 1인당 매출은 2억 4,600만 엔에 달한다.

키엔스의 영업 사원은 소형 센서 전자 기기를 포함하여 1,000종류 이상의 상품을 취급하며, 높은 수준의 전문 지식을 갖추고 있다. 어떤 부서는 모든 인원이 매월 100건 이상의 대면 영업을 하고 있다.

그리고 나는 그 키엔스에서 사상 최초의 3연속 1위를 비롯하여

5번 영업 실적 1등을 차지한 바 있다.

키엔스는 담당 부분 내에서 전년 동기 대비로 실적을 늘리는 것이 주요 평가 기준 항목이다.

1위를 차지하려면 40년 이상에 걸쳐 역대 키엔스 영업 담당자들이 영업을 해온 분야에서 전년도 동기 대비하여 누구보다 높은 실적을 올려야 한다.

요컨대, 우연히 한 번 1등을 차지했더라도 다음 해에 다시 1등을 하려면 전년도에 크게 늘린 실적보다 더 크게 (그것도 다른 직원보다도 더) 늘려야 한다는 것이다. 그런 이유로 3년 연속 1위는 누구나가 불가능하다고 생각했다.

또한, 나는 영업 사원 개인에 그치지 않고, 회사의 신입 영업 사원을 지도하는 역할을 맡아 절반 이상을 영업 실적 순위 상위 10% 이내로 키워내면서 책임자로서도 팀을 몇 번이나 전사 1위로 이끌었다.

이러한 실적을 바탕으로 지금은 많은 기업에서 영업 노하우를 전수하고 '세일즈 못하는 영업 사원 제로(0)를 달성하여 일본 경제를 다시 한번 강하게 만들자'는 비전을 세워서 영업 교육 및 연수 활동을 전개하고 있다.

'20초 자기 PR'에서 침묵.
처음에는 공채 탈락, 하지만 영업직으로 부활

앞의 내용만 놓고 보면, 대단히 우수하고 업무 역량이 뛰어난 회사원을 연상할 사람이 많을지 모른다.

남을 설득하는 기술을 타고났다고 생각하는 사람도 있을 것이다. 하지만 **나는 원래부터 영업에 적성이 있는 사람이 아니었다.**

학창 시절의 나는 사람들 앞에서 말하는 것을 불편해했고, 동아리나 세미나에서 각자 자기소개를 할 때도 내 차례가 오면 얼굴이 새빨개지고 손에 땀이 차면서 '어쩌지, 어쩌지' 하며 머릿속이 새하얘졌다. 그리고 드문드문 들려오는 박수를 뒤로. 맥없이 자리로 돌아가는 것이 일상이었다.

이런 내 약점은 키엔스 채용 시험 때도 유감없이 발휘되었다.

회사 설명회 현장에서 참가자 모두 소위 0차 면접인 '20초 자기 PR'

을 하게 되었는데, 나는 시작한 지 몇 초 만에 완전히 얼어붙었다.

지푸라기라도 잡는 심정으로 '한 번 더 하게 해주세요'라고 애원해봤지만, 물론 허락될 리 없었고 1차 면접까지 가지도 못했다.

그렇다면 어떻게 키엔스에 입사할 수 있었을까. 내가 마침 이공계 전공을 했고, 별도로 개최된 개발 및 기술 영업 직군의 채용 시험에 재도전했기 때문이다.

그런데 나는 어째선지 개발이나 기술 영업이 아니라 일반 영업직으로 채용되었다. 이는 입사 시점에 내가 다른 영업직 동기 중에서도 실질적으로 꼴찌였기 때문이다.

그랬던 내가 어떻게 키엔스의 1등 영업 사원이 되었을까?

물론 거기엔 분명한 이유가 있다.

우선, 업무의 기초부터 실천까지 친절하고 정성껏, 그리고 철저하게 주입해 준 키엔스의 뛰어난 선배 여러분의 지도 덕분이다. 특히, 입사 직후에 약 6개월에 걸쳐 진행되는 사원 교육을 통해 업무의 기본기가 확실히 몸에 뱄기 때문이다.

나는 **그 사원 교육 때 배운 내용을 '기본기'라고 부른다.** 제1장에서 자세하게 설명하겠지만, 사람들 앞에서 말하는 것조차 힘들어했던 내가 이 교육을 거치면서 겨우 말할 수 있게 되었다.

그러나 키엔스는 괴물 같은 강자들이 우글거리는 영업의 전쟁터이다. 당연히 그 정도로는 주위 동료들을 이길 수 없다.

그런 곳에서 내가 낭중지추가 될 수 있었던 최대의 무기가 바로 기본기에다가 이것저것 덧붙여 만들어 낸 독자적인 방법으로, 짧은 시간으로도 고객에게 '이 사람은 믿을 만하다', '이 사람한테서 사야겠다'고 생각하도록 만드는 기술(테크닉)이다.

이것이, **이 책의 테마인 '사랑받는 기술'이다.**

이 테크닉을 익힌다면, 여러분도 분명 무적 슈퍼 영업 사원으로 변신할 수 있을 것이다.

다양한 업종에서 효과를 발휘하는 '사랑받는 기술'

사랑받는 기술은 당신의 외모나 성격, 성별, 연령 등과 전혀 상관없고, 누구나 습득할 수 있다.

적격이나 부적격도 없으며, 특별한 재능을 필요로 하지도 않는다.
당신은 그저 이 책을 읽고 여기 적혀있는 내용을 확실하게 실천하기만 하면 된다.

그리고 사랑받는 기술이 위력을 펼치는 것은 비단 영업 현장만이 아니다.

영업이라고 할 때, '상대방이 제품을 구매하게 만든다'거나 '상대방에게 어떤 부탁을 한다'는 식의 연상을 하는 사람이 많다.

하지만 나는 영업이란 **'자신과 상대방의 마음을 일치하도록 만드는 것'**이라 생각한다.

내가 '이렇게 해주었으면' 하는 것을 상대방이 스스로 '이렇게 해야지'라고 생각하여 행동으로 옮긴다.

당신이 '팔고자 하는' 상품을 상대방이 '필요하니까 사야겠어'라고 생각한다. 쓰고 나니 초능력처럼 보이지만, 해야 할 일은 매우 단순하다. 사랑받는 기술을 익혀서 상대방에게 사랑받는 존재가 되는 것이다.

상상해보도록 하자.

당신이 가족이나 애인으로부터 "잠깐만 이것 좀 도와줘"라는 부탁을 받는다면, 오히려 기꺼이 도와주려 할 것이다. 반려견이나 반려묘가 당신을 쳐다보았다면, "혹시 배가 고프니?"라고 먼저 물어보지 않을까.

그렇다, **'사랑'의 힘은 위대하다**(행여나 '귀찮아'라고 생각하는 사람은 없으리라 본다).

반복하여 말씀드리지만, 이 책에서 소개하는 사랑받는 기술은 누구나 터득할 수 있다. 선천적인 요소는 하나도 없으며, 전부 익힐 수 있는 기술로 되어 있다. 여러분 자신의 매력이나 개성에 의지하지 않아도 상대방으로부터 사랑받는 존재가 될 수 있다.

고객, 친구, 애인, 직장 상사 및 동료, 부하 직원 등이다. 학부모 회나 반상회, 부모 간 모임, 아르바이트 동료, 취미 커뮤니티 등 누구에게나 '나와 상대방의 마음을 하나로' 만들 수 있다.

친구와 애인과의 관계도 더욱 돈독해지고, 직장 내 평판도 좋아질 것이다. 당신의 제안에 대해 "좋아, 한 번 해보자!"라고 응할 것이며, 모든 인간관계에서도 "저 사람이 그렇게 말하니까"라는 식으로 신뢰가 커져서 눈에 띄는 존재가 될 것이다.

'약간의 요령'으로 다시 한번 만나고 싶은 사람이 될 수 있다

그럼 사랑받는 기술에 대한 사례를 하나 들어보자.
이 책의 서두에서 말한 일화를 다시 한번 떠올려보길 바란다.

◆　◆　◆

나는 고객을 만날 때 방문한 회사의 홈페이지를 인쇄한 종이와 노트를 들고 간다. 그리고 상대방과 나 사이의 공간에 배치하여 함께 자료를 보며 설명한다.

그 효과는 크게 세 가지다.

첫 번째는 상대방이 '**이 친구 제대로 노력하고 있구나**'라고 호감**을 느끼게 된다는 것**이다. 회사에 대해 아무것도 알아보지 않고 오는 사람보다 관심을 갖고 사전에 조사해 오는 사람에게 호의를 느끼게 되는 건 당연하다.

두 번째는 **상대방과의 거리를 좁힐 수 있다**는 점이다.

같은 자료를 손가락으로 가리키며 함께 보는 것만으로도 물리적인 거리가 가까워지며 공동 작업을 한 것 같은 친근함이 들게 만든다.

나는 분홍색 형광펜을 들고 대화 내용에 맞춰 자료에 선을 긋기도 하는데, 전골 요리를 함께 먹는 것과 비슷하지 않을까.

식품회사인 미즈칸(Mizkan)의 조사에 따르면, '함께 전골 요리를 먹고 친해진 경험이 있다'고 답한 사람이 80% 이상이라고 한다.[1]

이제 어느 정도 짐작이 갈 것이라고 본다.

사실, 인쇄 자료가 가장 큰 위력을 발휘하는 것은 바로 세 번째다.

이는 바로, **공개된 정보를 전제로 대화를 진행할 수 있다**는 것이다. 아무것도 모르는 상대방에게 회사에 대해 하나부터 열까지 설명하는 것은 누구에게나 매우 번거로운 일이다. 하지만 눈앞에 자기 회사의 공적인 자료가 놓여 있다면 불필요한 설명을 덧붙일 필

 최강의 일하는 방식 **키엔스**

요가 없다. 따라서 면담 시간 자체를 대폭 줄일 수 있다.

거기다, 회사원들은 의외로 자기 회사의 홈페이지를 잘 안 보는 경우가 많다.

임직원들은 비공개라고 생각했던 회사의 정보들이 실제로는 당당히 홈페이지에 실려있는 일도 비일비재하다.

그런 정보를 앞에 놓고 협상을 시작한다면, 정말 최단 경로로 질문하고자 하는 내용에 접근할 수 있게 된다.

나는 키엔스에 근무할 당시, 자동화한 생산 라인에서 이용하는 센서가 주요 영업 담당 상품이었다. 내가 고객에게 물어보고 싶은 것은 공장에서 현재 이용하는 장치나 센서의 종류, 생산 라인 보강 시기 등이었다.

공개된 정보가 게재된 자료를 책상 위에 놓고,

이렇게 질문을 한다.

이러한 질문은 **고객과 같은 눈높이에서 구체적인 이야기를 하는 것**이다.

고객의 입장에서 보면, 방문객이 아무런 준비도 없이 "이번에 새로 귀사를 담당하게 된 ○○입니다! 잘 부탁드립니다!"라고 인사만 하고 끝낸다면, 아무리 상큼한 미소를 보여봤자 의미 있는 시간을 만들기 어렵다.

 최강의 일하는 방식 **키엔스**

구체적으로 내용이 있는 이야기를 하는 상대방에게 호감을 느끼고 신뢰를 주는 건 극히 자연스러우며 당연하다.

상대방의 신뢰를 얻었을 뿐만 아니라, 향후 영업 활동에 도움이 될 만한 정보까지 파악했으니, 아무 준비도 없이 찾아간 영업 담당자와의 차이는 확연하다.

바로 이것이 '자신과 상대방(고객)의 마음을 하나로 만드는' 것이다.

이 책의 맨 앞에서 최신형 아이폰의 구매를 친구에게 추천하는 사례를 다루었는데, 이때도 실제 스마트폰 본체와 카탈로그를 펼쳐 놓고 대화를 진행했다면 이후 친구의 반응이 확실하게 달라졌을지 모른다.

준비물 중 또 하나인 대형 노트의 활용법에 대해서는 제2장에서 자세히 설명할 예정이나, 이 또한 상대방의 신뢰를 얻는 데 효과적이며, 향후 영업 활동에서 놀랄만한 위력을 발휘하는 무기다.

◆　◆　◆

무슨 일을 시켜도 잘 해내는 사람은 이와 같이 **티 내지 않으면서 상대방에 맞추어 '약간의 요령'을 더하는 데** 매우 능숙하다.

업무에 필요한 기술을 습득하고 일 잘하는 사람의 '사랑받는 기술'을 본받아 따라 하다 보면 조금씩 성과를 낼 수 있게 되며, 주위와의 격차를 벌릴 수도 있다.

실제로 나는 그렇게 하여 키엔스에서 전인미답의 3연패를 달성하였다.

이 책을 읽고 있는 여러분 중에는 예전의 나처럼 사람들 앞에서 말하는 것이 서투른 분도 있을 것이다.

영업 담당자로서 좋은 결과를 내지 못했다거나, 부하 직원의 영업 실적을 끌어올릴 수 있도록 제대로 지도하지 못했다거나, 주위 사람들과의 관계 때문에 고민하는 사람도 많을 것이다.

그리고 어쩌면, 경쟁자들보다 더 우월한 존재가 되기 위해 다양한 업무 기술 관련 책을 독파하며 매일 절차탁마하는 분도 계실지 모른다.

이 책의 목표

기본기

= 약 6개월에 걸친
키엔스의 사원 교육을 통해 익힌 업무 기술
※업종에 따라 응용 가능

사랑받는 기술

= '기본기'를 연구하여 갈고 닦은
저자의 독자적인 기술
※누구니 띠라 할 수 있는 '약긴의 연구'

주위에서 사랑받고,
최단 시간에 성과를 지속적으로 내는 사람이 된다

하지만 이젠 괜찮다.

이 책을 읽으면 내가 키엔스에서 배운 업무 기본기와 나를 슈퍼 영업 사원(자화자찬이지만)으로 변신시켜 준 '사랑받는 기술'을 전부 습득할 수 있을 것이다.

여러분의 업종에 맞추어 '기본기'를 응용하고, '약간의 요령'을 더해 사랑받는 사람이 되도록 하자.

주위 사람들의 사랑을 받으면 누구보다도 빠르게 이전보다 훨씬 편하게 성과를 낼 수 있다.

그것이 이 책을 읽는 당신이 목표로 할 지점이다.

내가 할 수 있었으니까, 당신도 분명히 할 수 있다.

함께 열심히 해보자!

참고 문헌
*1 Mizkan Holdings 보도 자료 '전골 요리를 통한 심리적 효과에 관한 의식 조사 실시' 2023년 11월 7일

목차

C O N T E N T S

머리말

동기 중 최하위였던
내가 영업 실적 1등을 5번이나 차지한 이유 — 16

서장

인생과 일하는 방식을 개선하는 '대단한 영업력'

최단 시간 내에 성과를 내는 사람의 '사고방식'

제1장

딱 한 만큼만 성과로 이어지는 일류 영업의 사전 준비

일 잘하는 사람의 '마음가짐'

제2장

30분간의 면담은 인생을 걸고 하는 쇼타임

상대방의 기억에 남는 '커뮤니케이션'

제3장

'시간의 신'에게 사랑받는 사람이 눈에 띄지 않는 곳에서 하는 행동

업무 속도가 빠른 사람의 '순서도'

제4장

부하와 자신이 함께 성장하는 최고의 매니지먼트

최대의 성과를 올리는 사람의 '재현성'

제5장

꿈을 이루게 하는 정신력을 기른다

평생에 걸쳐 활약하는 사람의 '부가가치'

인생과 일하는 방식을 개선하는 '대단한 영업력'

최단 시간 내에 성과를 내는 사람의 '사고방식'

누구나 '영업'을 하고 있다

여러분은 지금부터 일류 영업 사원이 되어야 한다.

그런 소리를 들으면 책을 덮어버리는 사람도 있을 것이다.
"내 업무는 영업이 아니니까"라면서 말이다.

하지만 10초만 더 읽어보시길 권한다.
절대 후회하지 않을 것이다.

당신 주위에 다음과 같이 자랑스레 말하는 사람이 있지 않은가? "예전에 영업일을 했기 때문에 지금의 내가 있는 거야"

나 자신 또한 **'영업일을 해서 얻은 게 많다'고 자주 생각한다.**

자주 가는 밥집의 여사장님에게 매일 만면의 미소를 지으며 인사를 하고 "오늘도 맛있었어요. 감사합니다"라고 항상 말을 건넨 결과, 햄 에그 정식을 시켰는데 햄을 반쪽 더 받게 되었다. 그 비싼 등심 햄을 매번 반쪽씩 더 주다니, 이 위대한 영업 성과를 보라!

부디 비웃지 말아 주시길 바란다.

이 일화를 통해 하고 싶은 말이 무엇인가 하면, **살아가는데, 계속 일을 해나가는데, '영업력'이 매우 중요하다는 것**이다.

당신이 지금 들고 있는 것은, 읽고 그냥 따라 하기만 해도 대단히 높은 수준의 영업력을 습득할 수 있는 그런 책이다. 하지만 그렇다고 해서 영업직이나 앞으로 영업하고자 하는 사람만을 대상으로 쓴 것은 아니다.

오히려 "영업 같은 건 해본 적도 없고 앞으로도 할 생각이 없다"는 사람일지라도 무의식중에 우리는 모두 매일 영업 활동을 하고 있다.

예컨대, 어린아이들은 갖고 싶은 것이 있을 때 부모님이나 할아버지, 할머니, 선생님 등 근처에 있는 어른에게 매우 자연스럽게 영업 활동을 개시한다.

최고의 미소를 지어 보이거나, 집안일을 열심히 돕거나, 중간고사에서 평소보다 좋은 성적을 내려고 힘쓰는 것도 그렇다. 어른들의 기분을 좋게 만들어서 자신의 목적을 달성하고자 한 경험은 누구나 있을 것이다.

인간은 태어났을 때부터 영업 사원인 것이다.

어른 또한 마찬가지다.

만약 당신이 방문한 카페에서 점원에게 첫눈에 반했다면?

자신의 부서에 새로운 상사나 부하가 왔다면?

큰 계약으로 이어질 수 있을 법한 비즈니스 상대와 인사할 기회가 생겼다면?

처음 참여한 PTA(학부모회)나 반상회에서 말이 통할 것 같은 사람이 옆에 앉았다면?

그 상대방에게 조금이라도 좋은 인상을 남기고 좋은 관계를 만들기 위해 노력하지 않을까?

하버드 비즈니스 스쿨의 MBA를 취득한 저널리스트인 필립 델브스 브로튼(Philip Delves Broughton, 영국 일간지 '데일리 텔레그래프'의 뉴욕 및 파리 지국장을 역임하고, '하버드 경영학 수업'을 집필하여 베스트 셀러 작가가 됨)은 저서를 통해 **'영업은 인생의 그림과 같다'**라고 말하며, 넬슨 만델라 및 달라이 라마 등과 같은 위인들의 업적 또한 주위 사람들을 끌어들여 자신의 소망을 실현한 영업력의 산물임을 지적한 바 있다.

예를 들어, 만델라는 기나긴 투옥 생활 가운데에서도 교도관 임무를 보는 백인들의 문화와 역사를 공부하였고, 그중에서도 백인들이 가장 좋아하는 럭비에 대해 자세히 배우면서 그들과 친해지려 노력했다. 그 결과, 어떻게 되었을까.

백인 교도관들은 만델라에게 식사를 따뜻하게 유지할 수 있도록 보온 식판을 제공하는 등 여러 가지 편의를 봐주게 되었고, 궁극적으로는 백인 지도자들이 '흑인들과 함께 나라를 보전하려면 만델라의 협력을 얻어야 한다'고 생각하기에 이르렀다.[1]

영업력을 습득하게 되면 여러분의 인생을 풍요롭고 쾌적하게 해주며, 나아가 편히 살아나갈 수 있도록 만들어 준다.

쉬는 법도 바꿔버리는 '최강의 일하는 방식'

앞에서 설파한 것처럼 영업이 지닌 힘에 대해 이해했으리라 생각한다.

그리고 제목만 보고 이 책을 집어 들고는 '〈일하는 방식〉이 아니라 〈영업력〉에 대한 얘기구나'라고 느끼셨다면 전부 오해라고 강하게 말씀드리고 싶다.

이 책에서 소개하고 있는 '사랑받는 기술'이 몸에 배면, 당신의 일하는 방식은 크게 변할 것이다.

사랑받는 기술을 구사하면 놀라울 만치 단기간에 업무 준비를 마치고 가장 효율적인 스케줄을 짤 수 있으며, 자신의 사상 최대 성과를 낼 수도 있다. 상사와 부하에게 신뢰받고 팀의 사기도 올리며, 목표 달성은 식은 죽 먹기일 것이다.

휴일을 보내는 방식 또한 달라진다.

업무 시간에는 일에 집중하고, 쉴 때는 회사 일에 대해 신경 쓰지 않으며, 당연히 집에 일을 갖고 갈 필요도 없이, 개인적인 시간을 만끽할 수 있다.

사랑받는 기술을 익히는 것만으로도 누구나가 반드시 그런 '최강의 일하는 방식'을 손에 넣을 수 있는 것이다. 거기다 인사 평가도 최고점을 받는 것은 덤이다.

구태여 숨기지 않고, 나 자신이 그렇게 하여 키엔스의 일등 영업 사원이 되었다고 이미 밝힌 바 있다.

그뿐만 아니라, **나와 마찬가지로 사랑받는 기술을 실천하여 일하**

는 방식이 바뀌고, 사람이 달라진 것처럼 지속적으로 성과를 낸 후배들을 더러 보았다.

가장 효율적으로 업무를 진행하고 휴일에는 자기가 하고 싶은 것을 충분히 즐기면서 심신을 다스리며, 일 이외의 인간관계까지도 원활해진다면 인생의 스트레스 중 대부분이 해소될 것이다.

'사랑받는 기술'을 습득하면 얻을 수 있는 이득

- 업무를 효율적으로 진행하고 단기간에 성과를 낼 수 있다
- 고객이나 직장 상사와 원활한 소통을 할 수 있다
- 팀 전체의 사기가 오르며, 관리 능력이 향상된다
- 일뿐만 아니라 개인적인 인간관계의 고민이 해소된다
- 퇴근 후나 휴일의 시간을 자신이 하고 싶은 것을 하면서 보낼 수 있다

자, 어떠한가.

나의 일하는 방식과 영업에 대해 조금은 흥미가 생기지 않았나 싶다.

과학+근성으로 기본기를 다지자

<table>
<tr><td>기본기</td></tr>
<tr><td>= 약 6개월에 걸친
키엔스의 사원 교육을 통해 익힌 업무 기술
※업종에 따라 응용 가능</td></tr>
</table>

<table>
<tr><td>사랑받는 기술</td></tr>
<tr><td>= '기본기'를 연구하여 갈고 닦은
저자의 독자적인 기술
※누구나 따라 할 수 있는 '약간의 연구'</td></tr>
</table>

단 20초간의 자기 PR 시간에조차 완전히 얼어붙을 정도로 낙오자였던 내가 괴물 영업 사원들이 격전을 벌이는 키엔스의 일등 영업 사원이 되었다.

그런 말도 안 되는 일이 벌어진 이유가 사원 교육 때 익힌 '기본기'와 독자적인 '사랑받는 기술'에 있다는 것을 앞에서 설명한 바 있다.

이 점은 매우 중요하므로 다시 한번 설명하겠다.

사랑받는 기술은 기본기에 다양한 연구를 더하여 갈고닦은 것이다.

그런 의미에서, 약 6개월에 걸쳐 기본기를 주입하고 생산성 높은 영업 사원으로 길러낸 키엔스의 우수한 교육 프로그램과 여러 선배의 수많은 조언, 약 2만 명에 이르는 거래처 고객과의 소통이 나의 기반을 만들어 준 것이 분명하다.

키엔스의 신입 사원 교육에서는 우선 자신이 담당하는 상품 하나하나를 PR하는 연습에 전념한다.

상품의 특징과 타사 제품과의 차이, 이를 이용하면 어떤 장점이 있는지, 특히 적합한 활용법, 자사의 유사 상품과 함께 사용하기 등, 다양한 내용을 머리로 기억한 다음, 실제로 제품을 손에 들고 눈앞에 상대방이 있다고 상상하며 수차례 상품 설명을 반복 연습한다.

머뭇거리지 않고 설명할 수 있게 되면, 다음으로는 선배들이 고객 역할을 하여 좋은 점과 잘못된 점을 지적받으면서 다시금 반복 연습을 한다. 수십 번에서 수백 번에 달하도록 상품 설명을 계속

하는 것이다.

영업에서는 고객과의 관계도 물론 중요하지만 우선 자신에게 초점을 맞추고 담당하는 상품의 PR 방법을 철저하게 갈고닦는 것이 키엔스 스타일이다.

상상해보도록 하자.

여러분은 지금 야구 만화의 주인공이다.

전국 대회 결승전에서 강력한 라이벌인 투수에게 홈런을 치려면 어떻게 해야 할까?

예전에는 매일 수천 번씩 방망이 휘두르기를 반복하는 것이 정석이었다. 지금은 조금 더 과학적인 방식으로, 가상 현실(VR)로 라이벌과 가상 대결을 펼칠 수 있을지도 모른다.

키엔스의 사원 교육은 방망이를 밤낮으로 휘두르는 예전 방식이긴 하다.

하지만 **'표적을 정한 연습'**을 하는 것이 특징이다.

무작정 휘두르는 것이 아니라, 주인공이 쳐내야 하는 공 하나하

나를 분류하여 각각 치는 방식에 따라 연습하는 식이다.

안쪽 높게 들어오는 빠른 공을 어떻게 쳐내야 할까. 바깥쪽 낮게 들어오는 커브는? 무릎 부근으로 오는 슬라이더는…. 코스나 구종별로 타격 방법을 공부하고 머리에 주입한 후, 정신이 아찔해질 정도로 반복 연습하여 몸에 배도록 한다.

그러한 의미에서 키엔스식은 과학과 근성의 융합체라고도 할 수 있다.

'사랑받는 사람'이 되려면 우선 '상품을 사랑하라'

영업에 관한 책이나 비즈니스 매너 관련 서적을 보면 여러 가지 수칙이 나와 있다. 복장에 신경을 써야 한다거나, 인사 방식을 몸에 배도록 해야 한다거나, 웃는 법을 연습하거나, 상대방이 소속된 기업에 대해 연구하는 등, 매우 다양하다.

그런 것에 대해서도 앞으로 구체적으로 설명할 예정이지만, 이에 앞서 염두에 둘 '업무의 원칙'이 몇 가지 있다.

우선, 당신이 판매하고자 하는 상품을 그 누구보다 깊게 이해해야 하며, 어떤 사소한 점이라도 전부 파악해야 한다. 그리고 이를 머뭇거리지 않고 알기 쉽게 설명할 수 있도록 철저히 연습해야 한다.

바꾸어 말하면, '사랑받는 사람'이 되려면 우선 여러분 자신이 '상품을 사랑해야' 한다는 것이다.

마쓰시타 전기(현 파나소닉)을 키워낸 경영의 신 마쓰시타 코노

스케 또한 '상품을 자기 딸처럼 사랑하라'고 말한 바 있다.

상품을 파는 사람이라면 단지 판매에 급급하지 말고, 상품을 누구보다 잘 알아야 하며 그 상품에 개선할 점은 없는지까지도 생각해야 한다. 그리고 상품을 판매한다는 것은 금지옥엽 키운 딸을 시집보내는 것과 마찬가지다.

배우자와 그 가족들과도 잘 지내야 한다는 마음가짐으로 고객을 대하면 고객과 깊은 신뢰 관계를 구출할 수 있을 것이다.

영업이 잘 안 된다고 해서 '상품에 매력이 없으니까' 혹은 '상대방이 구매 의욕이 없어서'라고 판단해선 안 된다. 일단은 당신이 정말로 그 상품에 대해 사소한 부분까지 전부 이해하고 그 매력과 특징을 분석하여 상대방에게 잘 전달했는지를 돌아본 다음, 전달 방식을 다듬어 가야 한다.

내 딸이라고 생각한다면, 그 매력을 상대방에게 100% 전달하고 싶어질 것이다.

이는 비단 영업에만 국한된 얘기가 아니다.

상사에게 새로운 사업에 대해 프레젠테이션할 때, 학부모회의 다른 학부형에게 어려운 부탁을 해야할 때, 애인에게 다소 비싼 선물을 받고 싶을 때 등등——.

이런저런 상황에서 상대방이 어떻게 나올지 걱정하기보다, 우선 여러분이 무엇을 전하고 싶은지 정리하고 이를 알기 쉽게 설명할 수 있도록 만반의 준비를 해두어야 한다. 이를 무엇보다 강하게 의식해야 할 것이다.

그리고 이러한 순비는 되도록 미리 해 누는 편이 이득이다.

당연하겠지만, 모든 특기나 기술은 빨리 익혀두면 그만큼 오랫동안 써먹을 수 있기 때문에 더 많은 효과를 볼 수 있다.

이 책에서도 독자적인 기술을 몇 가지 소개할 예정인데, 이를 배우는 것과 동시에 자신의 업무에 필요한 지식에 대해서도 미루지 말고 서둘러 습득하기를 추천한다.

<table>
<tr><td>원칙
1</td><td>비즈니스 서적을 읽기에 앞서, 업무에서 활용되는 지식을 머리에 주입한다</td></tr>
</table>

'허리를 90도 굽혀서 하는 인사'가
늘상 옳다고는 할 수 없다

사랑받는 기술에 대해서는 제1장에서 구체적으로 배워나갈 것이나, 여기서는 우선적으로 항상 염두에 두어야 할 기본적인 사고 방식을 설명하고자 한다.

그것은 바로 **'상대방의 위화감을 없애야 한다'**는 점이다.

인사를 예로 들어보자.

여러분은 '성공하기 위한 인사법'이란 말을 들으면 어떤 것을 상상하는가?

세상에는 무수히 많은 비즈니스 서적이 있으며, 이들 중 대부분은 저자가 이상적이라고 여기는 인사법이 나온다.

허리의 각도는 30도여야 한다거나 45도여야 한다거나, 자신의 정수리를 상대방이 볼 수 있을 정도로 굽혀야 한다는 사람도 있다.

고개를 숙이는 시간도 1초 혹은 3초, 어떤 이는 '상대방보다 1초 더 길게'라고 하는 등 다양하다. 이를 모두 조합하여 임기응변으로 하라는 가르침이 가장 많을지도 모르겠다. 그런데 임기응변이란 것 자체가 가장 어렵지 않은가.

내 방식은 훨씬 단순하다.

'어떻게 하면 상대방이 위화감을 덜 느낄까'

오로지 이에 대해서만 생각하는 것이다. 조금이라도 성공 확률을 높이고, 반대로 말하면 실패 확률을 줄이려면 어떻게 해야 할지에 대해 늘 고민해야 한다.

여기서는 **상대방을 잘 관찰하고 반응을 살피는 것**이 매우 중요하다. 예컨대 상대방이 허리를 굽혀 인사하는데 자신은 고개만 끄덕이고 말았다거나, 반대로 상대방이 "여어, 신입 사원이구나!"라고 웃으며 맞이해주었는데, 자신은 허리를 굽힌 채 가만히 있다거나 하면, 당연히 상대방은 위화감을 느끼게 될 것이다.

고개를 숙인 상태에서도, 그림자나 손의 모양, 목소리, 하반신의 움직임을 통해 상대방의 상태를 읽어낼 수 있다. 온 신경을 집중하여 관찰하고, 상대방이 고개를 숙였다면 나도 이에 맞춰 고개를 숙여야 한다. 상대방이 좀처럼 고개를 들지 않고 있다면, 나 또한 가만히 있어야 한다. 상대방이 시원시원한 태도를 보인다면 나 또한 인사를 길게 끌지 않고 마무리하는 것이다.

정해진 '형태'를 고수하지 말고, 언제나 상대방을 관찰하며 이에 맞추고, 가능한 한 상대방보다 약간 더 예의를 갖출 것을 염두에 두어야 한다.

멋들어진 인사로 순식간에 상대방의 호감을 살 수만 있다면, 더 바랄 나위가 없을 것이다. 최고의 인상을 상대방에게 남길 수 있을지도 모른다. 이 세상에는 그런 인사의 달인 또한 실제로 존재할 것이지만, 이는 허황된 소망이라고 생각한다.

긍정을 목표로 하기에 앞서, 우선 위화감을 주지 않도록 하고 부정적 요소를 조금이라도 줄이는 데 집중해야 할 것이다. 사실 그게 더 효율적이며 쉽게 성과를 낼 수 있다. 나는 인사뿐만 아니라 모든 상황에서 그런 마음가짐을 갖도록 의식하고 있다.

응당 '나와 상대방의 마음을 일치시킨다'는 것과도 일맥상통하는 사고방식이다.

이 책에서 다루는 사랑받는 기술을 실천할 때도 그러한 마음가짐은 중요하다. 정해진 '형태'대로만 행동하는 것이 아니라, 위화감을 주지 않도록 나와 상대방의 환경, 입장에 맞추어 '형태'를 무너뜨리는 유연함 또한 필요하다 할 수 있다.

<table>
<tr><td>원칙
2</td><td>부정적인 감정이 생기지 않도록, 상대방의 위화감을 제거해야 한다</td></tr>
</table>

‘위화감을 제거한다’라는 말은 바꾸어 말하면, ‘일방통행이 되지 않도록 한다’, ‘상대방의 생각과 상황을 고려하여 자기 생각을 일방적으로 강요하지 않는다’라고 할 수 있다.

상대방이 누군지 관계없이 무조건 통하는 인사나 비즈니스 기술이란 존재하지 않는다.

예컨대, 상대방의 행동을 흉내내는 ‘미러링(mirroring)’이나 상대방의 말을 그대로 반복하여 말하는 ‘앵무새식 맞장구’는 대부분의 비즈니스 서적이 추천하는 기술이지만, 언제든 통한다고 생각하여 계속 쓰다 보면 ‘뭐야 이 친구는?’이란 반응이 나올 수밖에 없을 것이다.

항상 상대방의 반응을 살펴 위화감이 들지 않도록 하자.

조금이라도 위화감을 느낀 것처럼 보였다면 곧바로 궤도를 수정해야 한다.

일방통행은 위화감을 만들어내는 가장 큰 원인이다.

여러분도 프레젠테이션이나 회의 같이 사람들 앞에서 설명할 기회가 많이 있을 것이다.

그럴 때도 일방통행이 되지 않도록 주의해야 한다.

구체적으로 말하자면, 상대방을 잘 관찰해야 한다.

조금 전에 예로 든 상품 설명에 대해 생각해보도록 하자.

자신이 취급하는 상품 전체에 대해 잘 이해하고, 거침없이 설명할 수 있게 되었다면, 당신은 이제 영업 현장으로 나아가야 한다. 거래처 담당자들을 앞에 두고, 그간 갈고 닦은 상품 설명을 시연할 것이다.

여기서 중요한 점은 물론, 일방통행이 되지 않도록 주의하는 것이다. 설명에 들어가기에 앞서, 상대방이 어떤 상황이며 어떤 과제를 들고 있는지 알아보고, 어떤 상품을 필요로 하는지 파악해야 한다.

설명하는 동안에도 상대방의 반응을 관찰하자. 지루해 보이거나 관심 없어 하는 것 같지는 않은지, 상대방이 위화감을 느끼고 있는 것처럼 보인다면, 설명을 계속해 봤자 좋은 결과가 나오기는 힘들 것이다. 설명의 방향성을 바꾸어보거나, 다른 상품을 제안해야 할지도 모른다. 만약 상대방이 흥미롭게 듣는 상황일지라도 일방통행을 피하기 위한 팁을 몇 가지 알려주겠다.

일단락 짓기 좋은 타이밍에, 상대방에게 지금까지의 감상에 대해 물어보는 것이다. 예를 들자면 다음과 같다.

"**지금까지 발표한 내용 중에서**, 혹시 귀사에 도움이 될 만한 부분이 있었는지요?"

"그 정도로 소형화할 수 있다면 작업 공간이 넓어져서 좋을 것 같네요."

"**제 설명을 방금까지 들으셨는데**, 실제로 사용해본다고 할 경우 어떤 우려 사항이 있는지요?"

"성능이 좋은 것은 알겠는데, 비용면에서 안 맞는 것 같아서요."

능숙한 등산가는 동행자의 얼굴만 보고도 피로 상태를 파악하여 휴식을 제안한다. 이와 상통한다고 할 수 있다.

상대방이 내 설명 내용 중 어떤 부분에 관심을 가졌고 또 어떤 부분에 우려를 느꼈는지 알아냈다면, 그다음은 매우 쉽다. 머릿속에 주입시켰던 상품 설명 중에서 상대방의 관심과 우려에 부합하는 내용만 추려내면 된다.

상대방을 잘 관찰하고 위화감을 주지 않으며 일방통행이 되지 않도록 주의하는 것이 '사랑받는 기술'의 기본자세이다.

<table>
<tr><td>원칙
3</td><td>일방통행이 되지 않도록 주의하며, 상대방을 잘 관찰한다</td></tr>
</table>

'나는 행운아야'라고 되뇐다

지금까지 '사랑받는 기술'을 익히기 전에 알아두어야 할 '업무 3원칙'에 대해 알아보았다.

이들 모두 '자신과 상대방의 마음을 하나로 모은다'는 목적의 전제가 되는 중요한 사고방식이다.

사랑받는 기술을 습득하려면 많은 노력이 필요하며, 습득했더라도 모든 상황에서 매번 승리할 수 있는 것은 아니다. 생각대로 되지 않을 때도 있고, 뼈아픈 실패를 경험할지도 모른다.

원칙 1	비즈니스 서적을 읽기에 앞서, 업무에서 활용되는 지식을 머리에 주입한다
원칙 2	부정적인 감정이 생기지 않도록, 상대방의 위화감을 제거해야 한다
원칙 3	일방통행이 되지 않도록 주의하며, 상대방을 잘 관찰한다

그럴 때는 일단 이 3원칙을 다시 한 번 상기하도록 하자. 어쩌면 3원칙 중 어떤 것이 (혹은 전부) 내 머리에서 빠져 있었던 것일 수도 있다.

그럼에도 일이 잘 안 풀리고 엉망이라 전부 내던져 버리고 싶을 때는 어떻게 해야 할까. 그럴 때는 스스로 이렇게 되뇌어보자.

"나는 행운아야"

좀처럼 좋은 결과가 안 나올 때는, "나는 행운아야. 아직 성장의 여지가 충분해"

큰 실패를 경험했을 때는, "나는 행운아야. '이러면 실패한다'라는 실패의 법칙을 한 가지 배웠으니 같은 실패를 반복하지 않을 거야”

상대방에게 거절당했을 때는, “나는 행운아야. ‘싫어요’에서 ‘고마워’로 역전시키면 최고로 기분 좋을 테니까”

경쟁자에게 졌을 때는, “나는 행운아야. 저 사람의 어깨너머로 배우고 더 성장해서 앞질러야지”

위와 같이 생각하는 것이다.

면접이나 교섭에 실패했더라도 다치거나 죽는 일은 없다. 특히 영업의 경우, 제아무리 달인일지라도 거절당하는 일이 비일비재하다.

나 또한 처음 몇 년간은 매일 같이 거절당했고, 자신의 역량이 부족하다고 생각하여 고민하고 울기도 했다.

삶에서 잘 안 풀리는 일과 실패는 대체로 다시 시작하면 된다. 물론 어떤 일이든 진중하게 임해야 하지만, 결과에 너무 집착하는 것은 시간 낭비일 뿐이다.

그 상황에서 서슴없이 “나는 행운아야”라고 되뇐다면, 긍정적인 마음가짐으로 다음 단계로 나아갈 수 있다.

앞에서 인용한 바 있는 마쓰시타 코노스케는 채용 면접을 할 때 종종 다음의 질문을 했다고 한다.

"자네는 스스로가 운이 좋은 사람이라고 생각하나?"

물론 그가 면접자에 대해 정말 운이 좋은지 어떤지 관심이 있어서 물어본 것이 아니라, 스스로 행운아라고 생각하는 사람이 힘든 상황에서도 긍정적인 마인드로 일을 할 수 있기 때문에 그런 질문을 한 것이다.

부끄럽게도 나는 이 일화를 최근 들어서 알게 되었으나, 전설적인 경영자와 내가 비슷한 생각을 했다는 점이 매우 기뻤다.

그렇다면, 이 책을 더이상 읽고 싶지 않을 정도로 업무가 힘들어졌을 때는 어떻게 하면 좋을까?

그런 정신상태인 상황 또한 있을지 모른다.

(그렇게 되지 않길 바라지만) **만약 이 책을 읽는 것이 괴로울 정도로 피폐한 상태라면**, 다음과 같이 스스로 되뇌어보자.

"나는 행운아야. 바로 지금, 성장을 위한 시련에 도전할 기회가 주어졌잖아"

이 책을 읽어가는 데
알아두어야 할 '업무 3 원칙'

<table>
<tr><td>원칙 1</td></tr>
<tr><td>비즈니스 서적을 읽기에 앞서, 업무에서 활용되는
지식을 머리에 주입한다</td></tr>
<tr><td>원칙 2</td></tr>
<tr><td>부정적인 감정이 생기지 않도록, 상대방의 위화감을
제거해야 한다</td></tr>
<tr><td>원칙 3</td></tr>
<tr><td>일방통행이 되지 않도록 주의하며,
상대방을 잘 관찰한다</td></tr>
</table>

<table>
<tr><td>잘 안 풀릴 때는…</td></tr>
<tr><td>"나는 행운아야. 왜냐하면~"
이렇게 자신에게 되뇐다</td></tr>
</table>

여기까지 숙지했다면, 이제 제1장에 나온
'기본기'와 '사랑받는 기술'을
익혀보도록 하자!

사랑받는 기술을 인생의 원동력으로

이 책에서 설명할 사랑받는 기술은 전부 나 자신이 기본기를 실행하기 전에 상대방의 반응을 관찰하고 조금이라도 위화감을 줄이기 위해 창안하고 궁리를 거듭한 결과 만들어낸 것이다.

여기서 상대방이란 꼭 고객만을 가리키진 않는다.

조금 전에 설명한 기본 연습을 반복 훈련하려면 선배의 협력이 반드시 필요하므로, 선배에게서도 사랑받아야 할 것이다.

회사에서 내가 하고 싶은 것을 실현하려면 상사의 호감 또한 중요하며, 그것이 여러분에 대한 인사 평가 지표가 되기도 한다. 정식집의 여사장님의 호의를 얻기 위해서도, 인생의 반려자를 찾기 위해서도, 주위 사람들과 좋은 관계를 구축하기 위해서도, 사랑받는 기술은 분명 당신에게 큰 힘이 되어 줄 것이다.

그럼 이제 다 함께 사랑받는 기술을 습득하여 인생을 바꾸어보자!

참고 문헌
*1 《하버드 비즈니스 스쿨에서 영업을 가르치지 않는 이유》, 필립 델브스 브로튼 저, 세키 요시카즈 역, 프레지덴트사, 2013년

제1장

딱 한 만큼만
성과로 이어지는
일류 영업의 사전 준비

일 잘하는 사람의

'마음가짐'

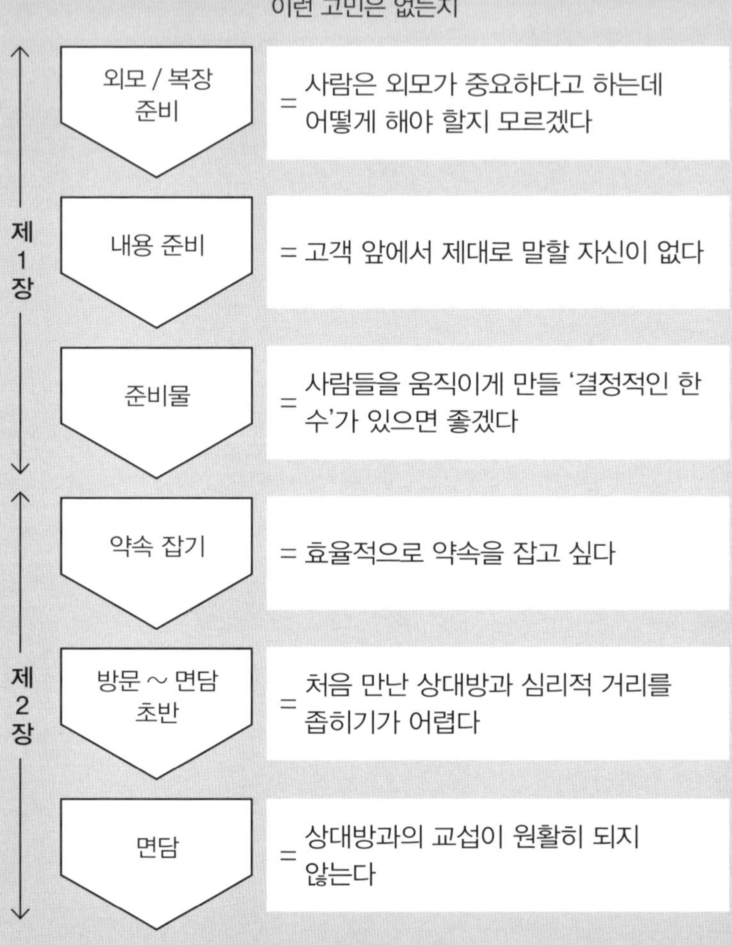

"내일 중요한 손님을 방문할 예정이니 준비 잘하세요"

만약 상사가 앞과 같이 말했다면, 당신은 어떻게 할 것인가?

키엔스의 영업 사원은 우선은 '준비'에 온 힘을 다한다.

준비를 얼마나 잘했느냐에 따라 면담의 성공 여부가 결정된다고 해도 과언이 아니기 때문이다.

이에 제1장에서는 고객을 만나기 전에 내가 했던 '준비(마음가짐 포함)'에 대해 이야기하려 한다. 제2장에서 설명할 고객을 만났을 때의 '대하는 법(커뮤니케이션)'으로 이어지는 중요한 주제이므로, 확실히 마스터하고 넘어가도록 하자.

여기서부터는 업무에 앞서 무조건 습득해야 하는 '기본기'와 경쟁자와의 차이를 단숨에 벌리는 '사랑받는 기술'로 나누어 소개하겠다. 평소의 업무 및 실생활에서 활용하면 좋을 것이다.

영업 사원이 아니더라도 자신의 입장이라고 가정하여, **어떻게 하면 상대방이 나의 바람을 들어줄지** 상상해가며 읽어주길 바란다.

예컨대, 당신이 편집자라면 책을 써주었으면 하는 작가가 상대방이 될 것이며, 프리랜서 엔지니어라면 발주처에게 '사랑받으려면' 어떻게 해야 할지 알고 싶을 것이다.

그럼 이제 해설하도록 하겠다.

**기본기
1**

슈트는 검은색이나 네이비, 셔츠는 흰색, 구두는 일반적인 검은 가죽

— 업무 중에는 '개성'이나 '취향'을 봉인한다

사랑받는 사람이 되기 위한 첫걸음은 **'겉모습'**부터 시작된다.

서장에서 설명한 것처럼, 이 책의 기본자세는 '위화감을 주지 않는 것'이다. 겉으로 드러난 모양부터 상대방에게 위화감을 준다면, 그 후의 영업 활동에 전부 악영향을 미치게 된다.

위화감을 줄이고, 실패 확률을 1%라도 낮추기 위한 기본적인 몸가짐에 관해 설명하겠다.

키엔스는 예전부터 영업 사원에게 추천하는 드레스 코드가 있다.

슈트는 검은색이나 네이비 색상으로, 화려한 줄무늬가 들어있지 않은 단색으로 한다. 남성의 경우, 더블이 아닌 싱글 정장을 권장한다.

셔츠는 무조건 흰색 한 가지로, 넥타이는 색상을 지정하진 않았지만 지나치게 눈에 띄는 색이나 무늬는 피하도록 했으며, 이에 대부분은 무늬가 없거나 단순한 줄무늬가 들어간 파란색, 네이비, 녹색 등의 넥타이를 골랐다.

그리고 구두는 정통(등 부분에 장식이 들어가 있거나 앞이 뾰족하지 않은) 형태의 검은색 가죽구두를 추천했다. 나는 일반적인 구두 상점에서 파는 6~7천 엔 정도의 구두를 신었다.

물론 이런 얘기들은 내가 근무하던 2010년대의 분위기였고, 지금은 좀 더 캐쥬얼한 재킷 스타일도 통용되는 경향이 있다. 어디까지나 정통적인 복장에 대한 참고로 생각하기 바란다.

'업무를 위한 복장'에서 개성을 발휘하려는 건 리스크

'어른이니까 복장 정도는 내가 좋아하는 스타일로 입어도 되지 않나'라고 생각하는 사람도 있을지 모르나, 업무를 위한 복장이란 것이 전제이다.

'좋아하는 스타일'로 입게 되면 업무에 지장을 초래할 가능성이 있다.

서장에서 '상대방에게 위화감을 주지 않아야 한다'고 설명한 바 있다(업무 원칙 2).

자신이 '좋아하는 것'을 우선하다가 거래처 고객에게 조금이라도 위화감을 주게 된다면, 너무나도 안타까운 일이 아닐 수 없다. 개성은 개인적인 시간에 발휘하면 충분하다.

'겉모습에서부터 특징을 내보여서 상대방의 인상에 남고 싶다'는 사람도 있을지 모른다. 하지만 이 또한 서장에서 말한 '일방통행에 따른 위화감'의 위험에 직면할 수 있다.

복장이란 상대방의 반응을 살펴서 곧장 바꿀 수 있는 것이 아니다.

만나자마자 상대방이 당신의 복장에 위화감을 느꼈다면, 부정적인 인상을 받고 면담이 시작하게 된다.

물론 대부분의 고객들은 복장만으로 여러분을 재단하지는 않을 것이다.

하지만 한 번 이렇게 생각해보자.

100명 중 1명이라도, 당신이 입은 화려한 줄무늬 정장에 위화감을 느낀 사람이 있다면?

100명 중 1명이라도, 당신이 고른 분홍색 넥타이를 보고 '다 큰 어른이 분홍색?' 이라고 느낀 고객이 있다면?

100명 중 1명이라도, 고급 브랜드 뾰족 구두를 보고 '돈 많아서 좋겠어'하고 반감을 느꼈다면?

큰 매출이 기대되는 담당 고객이 그런 '100명 중 1명'일 수도 있다. 그런 리스크를 감수하면서까지 업무 복장에서 개성을 발휘할 필요는 없다고 하는 것이 키엔스식 사고이다.

헤어스타일은 상대방이 나에 대해 느끼는 '청결함'임을 신경 쓰도록 하자

지금도 머리 모양은 조금 민감한 문제이다.

복장처럼 업무와 개인적인 시간에 따라 쉽게 바꿀 수가 없고, 애초에 자신의 몸 일부인 머리카락을 어떻게 할지는 개인의 기본적 인권에 관련된 사항이다. **키엔스 또한 지금은 헤어스타일에 대해 세세한 지침을 정하고 있지는 않다.**

어디까지나 내가 재직 중일 때의 이야기이지만, 남녀 불문하고 상대방이 자신에 대해 청결함을 느낄 수 있도록 신경 썼다. 나는 지금도 헤어왁스나 스프레이 등을 잘 사용하지 않으며, 쓰더라도 최소한의 양만 사용한다.

손목시계는 '차지 않는다'가 정답
— '3만 엔짜리 손목시계'는 고급일까?

손목시계는 직장인이 가장 개성을 드러낼 수 있는 소지품일 것이다.

기계식이 최고라고 하는 사람도 있고, 정확한 쿼츠식만 옳다는 사람도 있으며, 'G-shock'만 차는 사람이나 일부러 2천 엔 정도의 저렴한 디지털 시계를 차는 사람 등, 많은 이가 손목시계에 자신만의 고집과 애착을 갖는다.

머리나 발처럼 손은 우리 몸의 '끄트머리'에 위치하는 부분이며, 알게 모르게 상대방의 눈에 들어오기 쉽다. 선배 또는 거래처 고객으로부터 조언이나 지적을 받는 경우도 많으니, 다용도로 쓰기 좋은 '애플 워치'가 등장하기 전까지 손목시계는 직장인의 복장 중 가장 큰 고민거리였을 것이다.

그럼 여기서 퀴즈를 하나 내보겠다.

내가 생각하는 '정답'은, 손목시계를 차지 않는 것이다.

그것이 이 책에서 소개하는 '사랑받는 기술' 중 첫 번째이다.

'그 손목시계, 센스 있네요'라는 말 속의 숨은 뜻

내가 재직 당시의 키엔스는 '거래처 방문 시에는 고급 브랜드 손목시계를 차지 않을 것'을 권장했다. 그 무렵에도 '연봉 많은 회사'라는 이미지가 있었기 때문에, 비싼 손목시계를 차면 상대방의 반감을 살 수 있었다.

키엔스의 주력 상품은 공장 자동화에 쓰이는 센서 및 측정기이므로, 영업을 위해 방문하는 고객의 대부분은 공장이며, 만나는 상대는 현장 기술자이다. 그런 곳에 반짝거리는 고급 브랜드 손목시계를 찬 사람이 나타나면 위화감뿐만 아니라 분노를 살지도 모른다.

영업 사원으로 일할 당시의 나는 젊은이들에게 인기 있던 캐쥬얼 브랜드인 '아네스 베'(Agnes B)의 3만 엔짜리 손목시계를 차고 있었다. 가격에 비해 고급스러운 디자인이 마음에 들었으며, 3만 엔 정도라면 일반적으로 고급 브랜드라고 할 수는 없지 않을까 하고 생각했기 때문이다.

그런데 어느 날, 사이가 좋아진 거래처 담당자가 이런 말을 했다.

"그 손목시계, 센스 있네요."

그 순간 나는 흠칫 놀라 손목시계를 쳐다보았다.

과연 지금 그 말이 그저 내 손목시계를 칭찬한 것뿐일까.

어쩌면 '급여를 많이 받으니까 좋은 손목시계를 차겠지. 부럽다 부러워'라는 의미를 내포하는 게 아닐까. 아니면, '그런 시계를 차고 있으면 다른 사람으로부터 반감을 살지 몰라'라는 충고일지도 모른다는 생각이 들었다.

애초에 나 또한 '가격에 비해 고급스럽다'라고 생각하여 고른 시계였기 때문에, 상대방의 감각에 따라서는 3만 엔이라도 고가라 생각할 수 있다.

이제까지 방문한 수많은 거래처에서 내 손목시계를 보고 어떻게 생각했을까. 그중 몇 명은 위화감을 느꼈거나, 혹은 불쾌함을 느꼈을지도 모른다.

나는 거래처를 나서자마자, 손목시계를 풀어 주머니에 넣었다. 고객과 만날 때는 두 번 다시 그 시계를 차지 않겠다고 다짐한 것이다.

이제 다음 문제는 '어떤 시계를 차야 할지'였다. 조금 더 값이 싸면서, 딱 보기에도 저렴해 보이는 시계가 유력한 후보일 것이다.

그러나 나는 또 한 가지 가능성에 대해 생각해 보았다. 아까 만난 담당자는 어쩌면 손목시계 매니아라 내 시계를 보고 정말로

'센스 있다'고 생각했을지도 모른다. 그렇다면 누구 봐도 저렴해 보이는 손목시계를 찼다면, 그 담당자에게는 역효과가 나서 위화감을 주지 않을까.

고민한 결과, 당시의 내가 낸 결론은 **'손목시계를 차지 않는 것이 정답'**이었다. 물론 손목시계를 차지 않은 것을 보고 상대방이 위화감을 느낄 가능성 또한 0은 아니다.

그러나 '고급스러운 손목시계가 주는 위화감'에 비하면, 가장 리스크가 적은 것은 손목시계를 아예 차지 않는 것이라고 생각했다.

당연하게도 그 이후로는 거래처에서 손목시계가 화제로 올라올 일이 없어졌다.

그로부터 나는 여러 거래처의 담당자들과 양호한 관계를 구축하고 키엔스 사상 첫 3년 연속 영업 실적 1등이라는 결과를 냈고, 이를 통해 틀림없이 나의 결단에 따른 효과가 있었다고 확신한다.

고급 손목시계를 차는 것이 효과적인 경우도 있다

그렇다면, 조금 전에 잠깐 언급한 애플 워치는 어떨까.

전철에 타고 있는 직장인들을 보고 있노라면 '전 세계 손목시계 점유율 절반 정도는 애플 워치 아닐까' 싶을 정도로 많이 차고 있는 상품으로, 위화감을 줄 가능성도 낮아 보인다.

그러나 내가 담당했던 제조업 회사 중에는 중소 영세 기업이 많아서, 높은 연봉을 받지 못하는 사람도 있었다. 수만 엔에서 수십만 엔에 이르는 애플 워치가 당시에도 존재했다면, 갖고 싶어도 사지 못하는 경우가 있을지 모른다.

그런 분들의 심정을 헤아려봤을 때, 역시 '차지 않는 것이 정답'이라고 하겠다.

다만 그것은 내가 담당한 거래처가 '제조업의 생산 현장'이었다는 상황에 기인한 판단이다.

당신이 만나는 고객들이 부유층 인사가 많다면, 손목시계에 대한 기준은 훨씬 완화해도 될 것이다. 오히려 고급 손목시계를 차지 않으면 위화감을 줄지도 모른다.

예를 들어, 지금 나는 미상장 기업의 경영자로서 다양한 기업의 대표와 임원을 만날 일이 많다.

손목시계를 차지 않으면, '사이타 씨네 회사는 벌이가 시원찮은 가' 또는 '서비스의 품질이 그다지 좋지 않은가'라고 위화감과 불안을 줄 수 있기 때문에, 그들을 만날 때는 적당히 고급스러우면서 지나치게 화려하지 않은 백만 엔 내외의 손목시계를 차고 있다(내게 어울리는지 아닌지는 둘째치고).

덧붙이자면, 대기업 신문사에서 경제부 기자로 근무 중인 지인도 내 이야기를 듣고 나서부터 손목시계를 차지 않는다고 했다.

그는 대기업 사장과 정치가를 빈번히 만나기도 하지만, 생활고에 시달리는 사람들의 이야기를 들을 때도 있기 때문에, '지금까지 손목시계 때문에 못 들었던 이야기가 있었을지도 모른다'고 생각했다고 한다.

상대방이 자신의 복장을 어떻게 받아들일지 생각해 보고, 위화감을 주지 않도록 늘 염두에 둔다.

나는 이것을 누군가를 만나거나 사람들 앞에 나설 때 반드시 최우선으로 생각해야 한다고 본다.

손목시계뿐만 아니라, 일부러 비싼 물건을 몸에 두르고 자신을 도드라지게 보이려고 하면 상대방은 우월감을 과시 당하고 있다고 생각할지도 모른다.

자신을 도드라지게 보이려고 하고 자기가 좋아하는 것을 입거나 착용하려고 하기보다, 상대방에게 위화감을 주지 않는다는 것을 최우선 과제로 삼는다.

그것이 첫 번째 '사랑받는 기술'이다.

슈트는 약간 구겨진 듯 보이게
셔츠는 새하얗게
— 방문 장소 및 상대방의 복장, 심리 상태를 상상한다

일 잘하는 영업 사원이라고 하면, 각 잡힌 슈트를 빼입고 풀 먹인 셔츠에 검게 빛나는 구두를 신은 모습을 상상하기 마련이다.

실제로 키엔스의 영업 사원 중에도 그런 사람이 많았다. '기본기 ①'을 제대로 실천하고 있는 바, 양호하다 평할 수 있다.

하지만 한 번 더 생각해 보자.

만약 당신이 연일 격무에 시달려서 상의는 의자 등받이에 걸어 놓은 상태고 셔츠도 땀이 배어 주름이 진 상태에 구두를 닦을 시간조차 없었다고 한다면 어떨까. 한껏 광이 나게 차려입은 영업 담당자가 나타났을 때 어떻게 생각할까.

'이렇게 너저분한 차림으로 대하게 돼서 너무 미안한걸. 괜히 긴

장도 되고…'

분명 마음속으로 그렇게 되뇔 것이다.

이 상황에서도 마찬가지로, 상대방의 상황에 맞추어 위화감을 주지 않는다는 것을 최우선으로 생각해야 한다. 복장별로 설명하겠다.

1. 슈트의 '느슨한 배려'

내가 중시하는 것은 슈트의 '상태'이다.

드라이클리닝을 막 끝낸 각 잡힌 슈트는 고급 손목시계처럼 위화감과 반감의 원인이 될 수 있으므로, 일부러 약간 구겨진 듯한 상태를 유지하는 것이 좋다.

물론 너무 구겨짐이 심하거나 음식 얼룩이 눈에 띄거나, 심지어 냄새가 난다면 이는 더 큰 위화감을 불러일으킬 수 있으므로 논외이다.

나는 솔로 먼지 등을 제거하고 탈취제로 냄새를 없애는 등, 청결함은 유지하면서 너무 자주 세탁하지 않도록 신경 쓰곤 했다.

어쩔 수 없이(?) 세탁을 한 직후 고객을 만날 때는 일부러 재킷을 벗고, 회사에서 지급을 받은 회사 로고가 들어간 점퍼를 입은 적도 있었다.

2. 구두 손질은 '적당히'

구두 또한 광택이 너무 나지 않도록, 연마제나 크림은 많이 쓰지 않고 헝겊으로 먼지나 얼룩을 제거하는 정도의 손질만 했다.

하루 일과표를 보고 공장 내부에 들어갈 일이 많은 경우에는 아침부터 가죽 구두가 아니라 안에 철판이 들어간 안전화를 신고 거래처를 찾은 적도 많았다.

안전화를 신고 있으면, "오늘은 자네도 안전화를 신었구먼"이라면서 대화의 계기가 되기도 하고, '이 사람도 우리랑 마찬가지로 현장에서 일하는 사람이구나'라는 동질감을 느끼게 하여, 거래처 담당자들과의 거리를 좁혀주었던 것이다.

물론 방문처가 일반적인 사무실인데 안전화를 신고 가면 위화감의 원인이 될 수 있으므로, 그럴 때는 가죽 구두도 함께 들고 가서 방문 직전에 갈아신고는 했다.

3. 셔츠만큼은 '매일 세탁'

한편, 셔츠만큼은 주름이나 얼룩이 바로 불결함으로 연결되므로, 매일 반드시 세탁소에 맡기고 다림질로 빳빳한 상태를 유지하였다. 집에서 세탁하는 편이 비용은 덜 들지만, 반드시 필요한 투자라고 생각하도록 하자.

상대방과 만나기 전에 약간 상상력을 발휘해본다

지금까지 설명한 것이 '외모적인 부분을 신경 쓰지 않는다'는 의미는 아니다.

'최대한 신경 써서, 외모에 신경 쓰지 않는(하지만 청결한) 사람을 연기하는' 것이 제조업 현장에서 영업하기 위한 최선의 방법이라고 생각한다.

상대방을 배려하는 것이 목적이므로, 손목시계 사례와 마찬가지로, 만약 고객이 경영자나 부유층 등 비싼 슈트를 빼입는 사람들이라면 나 또한 이에 맞추어야 위화감을 주지 않을지 모른다. 경우에 따라서는 고급 브랜드 슈트도 필요할 것이다.

'손목시계 미착용'과 '약간 구겨진 슈트'가 항상 정답인 것은 아니며, 방문 장소나 상대방의 복장, 심리 상태 등을 고려하여 위화감을 주지 않는 복장을 선택해야 한다.

이는 비단 비즈니스에만 국한된 이야기가 아니다.

예를 들어, 학부모회의 모임에 고급 브랜드 슈트를 입고 나타났다면 다른 사람들이 어떻게 생각할까. 혹은 자신보다 웃어른과 고급 레스토랑에서 식사하는데 티셔츠에 반바지 차림으로 갔다면?

유감스럽게도, '상식이 없는 사람', '아무 생각 없는 사람' 취급을 받을 것이다.

이웃 사람, 친구, 배우자의 부모님, 학부모회 등, 누군가와 만날 때는 반드시 그 상대방에게 위화감을 주지 않는 복장을 선택해야 한다.

다른 사람과 만나기 전에 잠깐만 상상력을 발휘하여 배려하는 마음가짐을 갖는 것이 '사랑받는' 지름길이다.

내 주변에 있는 '좋은 미소'를 본보기로 삼는다

— 거울 앞에서 연습하라!

외모의 준비 단계에서 가장 마지막은 **'미소'**이다.

이 세상에는 사람들을 매료하는 미소를 타고난 사람도 있지만, 아쉽게도 대부분 사람은 그렇지 않다. 나 또한 그런 하느님의 은혜를 입지 않았기 때문에, 연습과 연구를 통해 영업 사원에게 필요한 미소를 체득할 수 있었다.

미소 짓는 연습은 크게 두 단계로 진행한다.

스텝1. 거울을 보며 연습

우선 거울을 보며 미소 짓는 연습을 한다. 과장되게 웃을 필요는 없으니 마음을 편히 갖고 미소를 지어보도록 하자. 입아귀와 눈꼬리의 변화에 주목하여, '이'라고 발음할 때처럼 입 모양을 만들면 좋다.

이때 자기 자신이 아니라 **거래처 고객의 관점에서 미소를 관찰해야 한다.** 다른 사람 입장에서 거울 속의 미소에 위화감이 없는지 확인해 보도록 한다.

인사 때와 마찬가지로, 미소에도 '이것이 정답'이라는 식의 모범 답안은 없다.

사람마다 얼굴이 다르므로, 자기에게 어울리는 미소 또한 사람마다 제각각이다.

자신에게 어울리는 미소를 짓고, 고객 관점에서 보았을 때 위화감이 느껴지는 부분이 있다면 개선해야 한다. 과장되게 웃는 건 아닌지, 억지웃음 같아 보이지는 않는지, 딱딱하거나 긴장되어 보이지는 않는지 등, 100점 만점을 목표로 하지 말고 위화감을 줄이는 데 집중해야 한다.

위화감 없는 미소에 마침내 도달했다면, 이제 그 미소를 자연스럽게 지을 수 있도록 거울 앞에서 부단히 연습한다.

이상적인 형태는 가족 및 친지의 '차일드 스마일'

자기 나름의 '위화감 없는 미소'를 자연스레 지을 수 있게 되었다면, 다음 단계로 넘어간다.

스텝2. 다른 사람의 좋은 미소를 흉내낸다

일상생활에서 저 사람의 '미소는 정말 좋아'라고 느낀 적이 없는가?

친구나 동료, 거래처 담당자, 패스트푸드 가게의 점원 등, 누군가의 미소에 감동했다면 이는 여러분의 미소를 발전시킬 기회이다. 그 미소를 몰래, 하지만 확실하게 관찰하여 기억에 아직 남아 있는 사이에 거울을 보고 흉내내도록 해보자.

물론 얼굴이 다르기에 완전 똑같은 미소를 지을 수는 없으나, **여러분 자신이 그 미소의 어떤 점에 매력을 느꼈는지 떠올려보고, 조금이라도 따라 할 수 있는 부분이 있다면 바로 적용**해보도록 한다. 그야말로 영업 사원에게 필수적인 능력인 관찰력이 시험대에 오르는 순간이 아닐 수 없다.

가족 중에 아이가 있다면, 그 미소를 흉내내는 것도 추천한다.

가족이기에 얼굴이 일단 닮았고, 아이들의 미소는 말 그대로 천사처럼 매력적이기 때문이다. 요령 있게 적용을 잘하면, 여러분의 미소를 극적으로 업그레이드할 수 있을 것이다.

물론 대전제는 상대방에게 위화감을 주지 않도록 의식해야 한다는 것이다.

다른 사람의 관점에서 자신의 미소를 관찰하고 위화감을 제거해 가면서 더욱 멋진 미소를 목표로 다듬어 보자.

내용(지식·스킬) 준비

| 기본기 |
| 2 |

취급하는 상품에 대한 설명력을 기른다
— 선배와 상사의 힘을 빌려 최대한 빠르게 주입하자

외모 및 복장 준비가 끝났다면, 다음은 **'내면'이다.** 앞에서 조금 설명했지만, 현장으로 나서는 데 필요한 영업 기술을 습득하기 위한 연습법을 배워보도록 하겠다.

키엔스에서 신입 사원은 입사 후 6개월 동안 철저한 사원 교육을 통해 영업 사원의 기본을 익히게 된다.

외부 강사를 초청한 비즈니스 매너 연수 등도 있지만, **가장 높은 비중을 차지하는 것은 상품 지식을 습득하고 고객에게 전달하는 기**

술을 연마하는 부분이다. 키엔스에서는 이 과정만으로 거의 4개월을
보내게 된다.

맨 처음에는 키엔스라는 회사와 자신이 취급할 상품에 대해 공
부하는 것부터 시작한다.

상품의 특징 및 스펙(성능, 사이즈, 가격 등)은 물론, 해당 상품
의 개발 배경까지 암기해야 한다.

예를 들어, 내 경우에는 센서 및 전자 기기 담당이었기 때문에,
각각의 상품에 대해 외우는 것은 물론, '어떻게 그렇게 되는지'를
이해하기 위해 전기 회로 등에 대해서도 공부했다. 그리고 실제로
그 상품이 활용되는 생산 라인이 어떤 게 있는지도 이해해야 했
다. 경쟁사 제품도 연구하여, 자사 제품과의 어떤 차이점이 있는
지 알아두는 것 또한 중요했다.

영업 담당자는 현장을 누구보다 잘 알고 있는 프로페셔널을 상
대로 하여 자사 제품의 영업을 해야 하므로, 어중간한 상품 지식
으로는 어림도 없다.

우선 다양한 자료를 탐독하여, **자신이 취급하는 상품에 대해 이
세상 누구보다도 많이 알고 있어야 한다.** 그것이 영업 사원의 출발

점이다.

물론 노력은 필요하다.

앞에서 말했듯이, 상품 지식을 익히기 위한 고생은 되도록 빨리 해두어야 나중에 더 큰 성과를 낼 수 있다. '초년고생은 사서라도 한다'고 자신을 타일러, 힘닿는 한 연마하도록 하자.

나 역시 그렇게 기억력이 좋은 편은 아니어서, 상당한 고생을 했던 기억이 있다.

선배 사원이 면담 영상을 체크

회사와 상품 지식을 완전히 주입했다면, 다음은 이를 설명하는 연습법이다.

일단 고객을 만난다고 가정하여 대본을 쓰는 것부터 시작한다.

어떻게 설명해야 회사와 상품의 매력을 전할 수 있을지, 상대방은 어떤 것을 알고 싶어 할지, 장황하게 설명하지 말고 간결하고 알기 쉽게 전하려면 어떻게 해야 할지, 고민을 거듭하여 대본을 쓰고 수정 보완을 거친 후, 사수 역할을 하는 선배에게 체크를 부탁한다.

선배로부터 OK가 나왔다면 대본은 완성이므로, 이를 술술 말할 수 있게 될 때까지 연습을 거듭한다.

여기서부터는 오직 반복뿐이다. 자신 있게 설명할 수 있게 되었다면, 선배에게 다시 체크를 부탁하고, 조언을 구해보자.

키엔스는 회사 방침으로 선배가 후배를 지도하도록 하고 있는데, 만약 여러분의 회사에 그런 제도가 없다고 하더라도 모쪼록 선배에게 부탁하여 지도를 받도록 하는 것이 좋다.

예컨대, 대본과 설명 영상을 선배와 상사에게 메일로 보내고, '시간 되실 때 한 번 보시고 조언해주시면 감사하겠습니다'라고 부탁해보는 것이다.

선배와 상사의 협력을 얻기 어렵다면, 동료 직원의 힘을 빌리는 것도 괜찮다. 그런 경우에는 설명 영상을 보고 위화감 있는 부분이 없는지 중점적으로 확인해달라고 하자.

앞에서도 말한 바 있지만, 야구로 치자면 타자가 상대 투수의 구종을 연구하여 각각의 타격법을 익히는 것과 비슷하다. 무작정 노력하는 게 아니라, 해야 할 연습을 반복하여 완벽해질 때까지 계속하는 것이다.

대본을 쓰고 다른 사람에게 보여주는 것 자체가 번거로울 수 있지만, **이 과정이 나중에 매우 큰 효과를 발휘**하게 된다.

입사 동기 중 성적이 꼴찌이고 말도 제대로 못 하던 나조차, 연습을 거듭하여 마침내 막힘없이 술술 설명할 수 있게 되었다는 것이 그 증거이다.

어쩌면 이 과정이 가장 힘들게 느껴질 수도 있지만, 연습 성과를 다른 사람에게 보여주고 조언을 받는 것은 빠르게 능숙해지기 위한 지름길이기도 하다.

역할극을 통해
상대방의 반응을 살피는 연습을 한다
— 일상생활 속에서도 활용하여

상대방의 진심을 이끌어 낼 수 있다

상품 설명을 막힘없이 할 수 있게 되었다면 이제 **상대방에게 맞추는 연습**을 해야 한다.

키엔스에서는 사수 역할을 하는 선배가 거래처 담당자가 되고 자신은 영업 사원을 연기하는 형태의 역할극을 통해 연습을 반복한다.

선배가 어떻게 나오는지에 따라 대응 방법을 연습한다는 의미도 있지만, 앞에서도 설명한 것처럼, **'항상 상대방을 관찰한다'**와 **'일방통행을 하지 않는다'**는 두 가지를 그 이상으로 의식해서 연습해야 한다.

즉, 반드시 습득해야 할 '업무 3원칙' 중 하나인 것이다.

거래처 담당자 역할을 하는 선배를 관찰할 때의 포인트는 '상대방이 지루해하지 않는지'이다.

자신의 설명에 흥미를 느끼고 있는지, 지루해하지 않는지 확인해야 한다. 만약 지루해하고 있다면 여러분의 설명이 일방통행이라는 증거이다.

설명 내용이 상대방에게 제대로 전달되지 않고 있다는 것이므로, 선배에게 어떤 점이 문제인지 확인을 받도록 하자.

'질문 있습니까?'는 금지된 질문

설명할 때는 내용이 일단락될 때마다 질문을 던지도록 한다.

아래와 같이 말을 꺼내면 좋다고 서장에서 말한 바 있다.

"지금까지 발표한 내용 중에서"

"제 설명을 방금까지 들으셨는데"

그런데 여기에 이어서 "질문 있습니까?"라고 묻는 경우가 많은데, 이는 좋지 않다.

그 질문에 답변이 돌아오는 경우는 오로지 상대방이 그 상품에 대해 꽤 흥미를 갖고 있을 때뿐이다. 대체로는 "아뇨, 딱히"라는 식의 반응이 나오기 마련이다.

생각해보도록 하자.

"질문 있습니까"라고 묻는 것은 자신이 팔고자 하는 상품에 대해 '모르는 부분이 무엇인지'나 '어떤 점에 흥미가 있는지'를 상대방에게 생각하도록 만드는 셈이다. 이를 상대방에게 강요하는 건 거만한 태도가 아닐 수 없다.

그 대신에 나는 다음와 같이 질문하는 것을 추천한다.

"지금까지 말씀드린 내용 중에, **실제로 도입한다고 했을 때 우려되는 부분이나 걱정되는 점이 있는지요?**"

"문제점이라고 생각되는 부분이 있는지요?" 등으로 바꾸어 말해도 상관없다.

질문 대상을 '우려되는 사항'이나 '문제점'처럼 부정적 요소로 좁히면, 상대방이 여러분의 설명에 부정적인 감정을 갖더라도, "그 상품은 우리 회사에 별로 사용하지 않아서요"라는 식으로 자기에게 관련이 있는지 없는지의 관점으로 생각하게 된다.

그리고 "우리 회사에서는 필요 없을 것 같네요"라고 부정적인 답변이 왔다면, 오히려 큰 기회이다. 이어서 여러분이 던지는 하나의 질문을 통해 단번에 이 면담을 핵심적인 부분으로 끌고 갈 수 있다.

그 질문의 정체에 대해서는 제2장에서 소개하겠다.

역할극은 기본적인 영업 기술을 체득하는 데 매우 중요한 연습 수단이다. 회사 선배와 상사가 협력해준다면 가장 좋지만, 어렵다면 동료끼리 함께 연습해도 괜찮다.

상대방을 관찰하고 일방통행이 되지 않도록 주의하며, 정기적으로 질문을 던지는 것은 일상생활 속에서도 연습할 수 있으며, 어떤 상황에서든 도움이 된다. 가족 및 친구와 대화할 때도 항상 의식하도록 하자.

긍정적인 의견을 이끌어 내는 질문

고객의 부정적인 의견을 영업 부서에서 확인한 후, 보충 설명을 통해 우려 사항이 해소되는 경우가 왕왕 있다.

그리고, **"아니면, ○○ 씨나 귀사 쪽에서 원하시는 기능이나 개선 사항이 있는지요?"** 라는 질문도 효과적이다. 당신이 설명한 기능이나 특징에 대해 고객에게 생각해보도록 하고, 이를 다시금 발언하게 만들면 고객이 직접 재인식할 수 있게 되며 기억에도 남게 된다.

선배의 '무용담'을 듣는다
― 누구나 '나에게서 배우고자 하는 사람'을 좋아한다

기본기를 익히려면 오로지 연습뿐이라고 했지만, 지름길이 없는지 기웃거리는 것은 인지상정이다.

사실 지름길이 있긴 하다.

조금 전 설명한 미소 짓는 연습을 기억하는가?

좋은 미소를 가진 사람이 주위에 있다면 이를 관찰하고 거울 앞에서 흉내내라고 했는데, 이와 마찬가지로, **우수한 기량을 가진 사람이나 많은 실적을 올린 사람을 따라 하면 당신의 기술을 비약적으로 향상시킬 수 있다.**

주위의 선배나 상사의 지도를 받으며 역할극을 연습하고 있는 상황이라면, 이렇게 부탁해보자.

"후배의 공부를 위해 선배가 영업하는 모습을 한 번 보여주실 수 있을까요?"

혹은 역할극에서의 입장을 바꿔, 선배가 영업 사원 역할로 실제 하는 모습을 보여준다면 가장 좋을 것이다.

말하는 내용과 질문하는 타이밍, 목소리의 높낮이, 자세와 눈높이, 표정, 손을 움직이는 방법 등, 그 선배가 지금까지 익힌 다양한 요소를 관찰하고 흡수할 절호의 기회이다.

선배가 거래처를 방문할 때 함께 따라가는 것도 추천한다. 선배가 영업하는 모습뿐만 아니라, 그것을 듣고 있는 거래처 담당자의 반응도 함께 배울 수 있기 때문이다.

그 후에는 거울 앞에서 선배가 했던 것을 따라 하고, 거래처 담당자의 반응을 상상해본다면, 지금까지 몰랐던 여러 가지 요령을 체득할 수 있게 될 것이다.

그러나 모든 사람의 주변에 그런 뛰어난 영업 사원이 존재하여 모범 답안을 보여주는 것은 아니다. 실제로는 후배의 지도를 열심히 해주지 않는 선배도 많고, 사수 역할을 하는 선배의 영업 능력이 별로인 경우도 왕왕 있다.

그럴 때는 **사내에서 '저 사람은 대단한 영업 사원이야'라고 소문이 자자한 임직원이 없는지 잘 살펴보도록 하자.**

아침 조례 시간에 누가 사장상이나 부서장상을 수상했다고 발표가 나도, 지금까지는 흘려듣지 않았는가. 귀를 기울여 보면, "옆 부서 ○○ 씨가 지난달에 큰 건 계약을 따냈대"라는 말이 들려올지도 모른다.

만약 사내에서 그런 대단한 영업 사원을 발견했다면, 기회가 온 것이다. 그 사람의 메일 주소 또는 휴대전화 번호를 알아내, 다음과 같이 연락을 취해보도록 하자.

"○○ 씨는 대단해! 라고 여러 선배에게 자주 듣습니다. 저도 ○○ 씨처럼 영업을 잘하고 싶습니다. 가르침 주시면 감사하겠습니다."

상대방의 승인 욕구를 만족시키는 '요청 메일'의 위력

'얼굴도 모르고 만나본 적도 없는 선배한테 연락해봤자, 상대도 안 해주지 않을까'하고 생각할지도 모른다. 그러나 실제로는 절대 그렇지 않을 것이다.

사람은 누구에게나 인정을 받고 싶어하는 '자기 승인 욕구'가 있다. 미국의 심리학자인 아브라함 매슬로(Abraham Maslow)에 따르면, 인간의 다양한 욕구는 식욕이나 수면욕 같은 '생리적 욕구'에서부터 가장 높은 단계인 '자아실현 욕구'까지 충족 난이도에 따라 5단계로 분류되며, 자기 승인 욕구는 이 중 위에서부터(충족시키기 어려운) 두 번째에 해당한다.[*1]

참고로 세 번째에 해당하는 것이 다른 사람으로부터 사랑받고 싶다는 '사회적 욕구'다. 요컨대, **일에서 성공을 거두고 가족이나 주위 사람의 사랑을 받는 사람조차도 승인 욕구까지 완전히 충족되기는 어렵다는 것이다.**

이전에는 업무로 큰 성공을 거두면 후배들을 전부 이끌고 술을 마시러 가서, 철야로 자기의 무용담을 늘어놓는 일도 비일비재했다. 하지만 컴플라이언스 시대인 지금은 그런 짓을 하면 사내 갑질이라는 비난을 받기 십상이다.

그렇다고 해서 업무 시간에 회사 안에서 자기 자랑을 늘어놓기에는 볼품이 없어 보인다. 더 칭찬받고 싶고 후배들의 추앙을 받고 싶은데 말이다.

그런 상황에 여러분이 보낸 메일이 왔다고 하자.

선배의 대단함을 인정하면서 가르침을 받고 싶다고 하니, 승인 욕구를 단번에 충족시켜주는 것이다. 그런 여러분을 귀찮다고 매정하게 밀어내진 않을 터, 오히려 기쁘고 반갑게 맞아줄 공산이 크다.

괜찮다, 사양할 필요도 없다.

승인 욕구를 만족시켜주는 대신, 그 선배가 가진 훌륭한 영업 기술을 전부 내 것으로 만들면 된다. 그야말로 윈-윈 전략이 아닐 수 없다.

기본기
4

자료와 샘플을 가방에 함께 넣어 정리한다
― '파트너'는 약간 큰 백팩 또는 캐리어

연습을 거듭하고 훌륭한 선배에게 가르침을 받아 기본적인 영업 기술을 어느 정도 익혔다면, 슬슬 현장으로 가도 되지 않을까 생각할지 모르지만, 그 전에 한 단계만 더 진행하자.

그것은 바로, 거래처에 갖고 가야 할 준비물이다.

영업 사원이 현장에 갖고 가는 물건이라고 하면, **명함, 카탈로그 등 상품 설명을 위한 자료, 상품 샘플**(갖고 다니기 힘들 정도로 큰 경우나 무형의 서비스를 취급하는 경우는 제외) 등 세 가지가 기본이다. 명함은 대체로 회사에서 정한 것을 사용해야 하므로, 보완할 여지가 많지 않다.

읽기 힘든 이름이라면 후리가나(일본어에서 한자의 읽는 법을 알려주기 위해 한자 위에 작게 쓰는 히라가나나 가타카나 표기-역주)를 달면 되고, 회사의 캐릭터나 브랜드 테마 등을 넣는다면 대화 시 화제로도 삼을 수 있을 것이다. 프리랜서라면 디자인에 더 신경 쓰거나, 사진을 넣거나, 다른 소재로 만들거나 선택의 폭이 넓은 편이지만, 상대방에게 위화감을 주지 않는 범위 내에서 하도록 하자.

당연하겠지만, 명함 교환 시에 자신의 명함이 다 떨어져서 없다면 최악의 위화감을 줄 수 있으므로, 명함이 얼마나 남아있는지 자주 확인하여 보충하도록 한다. **명함 지갑과는 별도로 다이어리의 주머니나 가방에도 예비로 몇 장 정도 넣어두면 만일의 상황에 대비할 수 있다.**

가방을 여러 개 들고 다니는 건 오히려 더 불편할 뿐

다음의 두 준비물인 자료와 상품 샘플의 경우, 나는 하나의 가방에 넣고 이동하는 것을 선호했다.

키엔스에서는 센서나 측정기 등의 샘플을 넣고 다닐 수 있는 전용

가방을 지급하였고, 영업 담당자가 자기 가방과 샘플 전용 가방을 2개 다 들고 다니는 것이 기본 스타일이었다. 그러나 이 방식을 취하면, 현장에서 상품을 설명할 때 두 개의 가방에서 따로따로 자료와 샘플을 꺼내야 한다.

상대방의 반응을 보면서, 혹은 상대방과 대화를 하면서 이에 부합하는 상품 설명으로 이행해야 하는데, 이쪽 가방에서 자료, 저쪽 가방에서 샘플을 꺼내는 형태가 되는 것이다.

자료와 샘플을 한 가방에 담으면 그런 비효율과 답답함에 따른 위화감을 해소할 수 있다. 다만, 샘플과 자료 자체가 부피가 큰 편이고, 제대로 정리되지 않은 가방 속을 보이면 더 큰 위화감을 낳을 수 있으므로, 일반적인 업무용 가방으로는 대응하기 어렵다.

그래서 내가 쓰던 것이 **약간 큰 사이즈의 업무용 백팩**이었다.

등산용 백팩만큼 크지는 않지만, 거의 그 정도의 느낌으로 내부도 여러 구획으로 나뉜 가방이 있어서 대량의 자료와 샘플을 갖고 다니기 편했다.

내 거래처 중에 공장이 많았기 때문에 현장에서 쉽게 이동할 수 있도록 백팩을 이용했지만, 사무실 방문이 많은 날은 바퀴가 달린

캐리어도 괜찮다고 생각한다.

물론 대전제는 가방 내부를 깔끔하게 정돈해두는 것이다. 어질러진 인상을 주지 않도록, 척 봤을 때 정리된 상태를 유지해야 하며, 어디에 무엇이 들어있는지도 숙지하여 빠르게 자료와 샘플을 꺼낼 수 있도록 준비해두어야 한다.

말할 필요도 없이, 과도하게 화려한 디자인이나 고급 브랜드는 피해야 할 것이다.

복장과 마찬가지로, 가방이 하나든 둘이든 내가 편하면 그만 아니냐고 생각할지도 모른다. 하지만 사소한 위화감을 줄이고 제거하는 이런 노력 하나하나가 결과에서 큰 차이를 나타낼 수 있다.

명함, 자료, 상품의 견본(샘플). 사실 이 세 가지 이외에도 준비

해야 할 것이 있는데, 2장에서 구체적인 영업 상황을 다루면서 설

명하도록 하겠다.

또한, 영업과는 크게 상관이 없을지 모르나 사회인이라면 갖고

다녀야 할 필수 휴대품을 아래에 소개했으니 참고하도록 하자.

외출할 때 가방에 넣어두어야 할 필수 도구 10가지

방문처 홈페이지를 인쇄한 자료와 공책 이외에도,
내가 항상 갖고 다니는 '도구'를 소개한다.

☑ 형광펜	☑ 예비 명함	☑ 충전기 및 보조배터리	☑ 노트북용 정보보안 필터	☑ 화면 출력용 변환 어댑터
자신과 고객사 담당자 사이에 놓은 자료를 보면서 이야기를 나누고 있는 부분에 줄을 긋도록 한다. 밑줄을 긋는 행위를 통해 단지 자료를 보는 것이 아니라 '공동 작업'을 하는 듯한 느낌을 들도록 만들며, 상담(商談)이 끝나고 나서도 어떤 이야기를 했었는지 상기하는데 도움이 된다.	명함집에 충분히 넣어두었다고 생각했더라도 '깜빡하고 안 챙겨오는' 상황이 발생하기 마련이므로, 가방 속에 한 상자, 지갑 속에 10장, 신분증 케이스에 몇 장, 이런 식으로 여러 곳에 많이 넣어두는 것이 좋다.	노트북이나 스마트폰이 방전되거나 하면, 업무 효율이 현저히 떨어지게 된다. 요즘에는 극소형이면서 스마트폰과 노트북을 함께 충전할 수 있는 고성능 배터리도 판매 중이다.	카페 등에서 노트북을 꺼낼 일이 많으면, 기업명이나 사내 기밀 정보가 다른 사람에게 누출될 경우 신뢰 문제가 발생할 위험이 있다. '엿보기'를 통한 정보 유출에 대한 리스크를 방지하려면 정보보안 필터를 반드시 이용해야 한다. 덧붙여 화면 보호 및 블루 라이트 차단 효과도 기대할 수 있다.	방문처에서 프레젠테이션할 때 자신의 노트북과 회의실 모니터를 연결하는 경우가 있다. 접속용 단자는 주로 VGA, DVI, HDMI, DP 등 4종류이며, 이들 모두 연결 가능한 변환 어댑터를 준비해두는 것이 좋다.
☑ 손수건과 물티슈	☑ 양치 세트 및 민트 캔디	☑ 립밤	☑ 소형 구둣주걱	☑ 아이패드
땀냄새나 체취가 심하면 위화감은 물론 불쾌감의 원인이 될 수 있다. 얼굴 및 몸에서 흘린 땀은 자주 닦아내고, 언제나 청결함을 유지하도록 하자.	가방 속에 여행용 양치 세트를 상비해두고 식사 후에는 양치질을 하며, 면담에 들어가기 직전에는 민트 캔디를 먹고 입냄새 케어를 한다.	입술이 건조하고 바싹 말라 있다거나, 이를 혀로 핥아내거나 하면 상대방에게 위화감을 줄 수 있다. 누군가를 만나기 전에는 반드시 립밤을 발라서 입술 상태를 정돈하도록 한다.	구두를 벗고 들어가야 하는 방문처의 경우, 막상 벗으려 할 때 구둣주걱이 없거나, 상대방이 사용한 후 차례를 기다려야 하는 상황이 생길 수 있다. 그런 조그마한 위화감을 미연에 방지하기 위해, 나는 주머니에서 바로 꺼낼 수 있는 소형의 가죽제 구둣주걱을 갖고 다닌다.	최근에 나는 이 책에서 다양한 활용법을 소개한 공책 대신에 아이패드를 사용하고 있다. 곧바로 지우거나 색을 입힐 수 있을 뿐만 아니라, 쓴 내용이나 거래처, 일정 등을 나중에 검색하기 편해서 업무 효율이 크게 향상되었다.

자료에 이름과 연락처가 적힌 스티커를 붙인다
— 단번에 신뢰와 열정을 전할 수 있는 극비 아이템

카탈로그와 홍보물 등 설명을 위한 자료는 회사에서 만들어주는 이상, '필요한 종류를 필요한 만큼 가방에 넣는 것' 이외에 할 일은 딱히 없어 보인다.

그러나 여기서, **거래처가 특히 영업자 여러분을 주목하게 되고 다른 영업 사원과의 차이를 벌릴 수 있는 '사랑받는 기술'** 한 가지를 소개하겠다.

거래처의 담당자라는 입장에서 생각해보자.

영업 사원이 이런저런 상품 설명을 해주고 나서 1주일 후, 문득 뭔가의 계기로 인해 '그때 소개받은 상품을 한 번 써볼까'라는 마음이 들었다. 방문 영업 사원들이 두고 간 자료 더미 속에서 어떻게든 해당 상품의 카탈로그를 찾긴 했는데, 거기에는 회사 이름과 대표 번호만 나와 있었다.

(담당자의 독백) "자료는 찾았는데, 허참, 그 영업 사원 이름이 뭐였지? 회사에 전화해봤자 이름을 모르면 불러주지도 않을 텐데. 그때 명함 받았는데 어디에 뒀더라…모르겠다, 귀찮으니까 다음에 하자"

그렇다, 회사가 만든 자료에는 당연히 회사 연락처밖에 안 나와 있다. 그리고 여러분이 건넨 명함은 명함 지갑에 들어가므로, 자료와는 다른 장소에 보관되는 경우가 대부분이다. 담당자가 나중에라도 연락하려고 해봤자, 상당히 번거로워지는 것이다.

이 시점에 이미 여러분에게 연락하는 행위 자체가 상대방으로써는 '귀찮다'라는 결론에 이른다. 이러한 상황이 너무 아깝다고 생각하지 않는가?

나는 수많은 담당자와 원만한 관계를 구축해가던 중에, 실제로 그런 일이 빈번하다는 것을 알게 되었다. 많은 이들이 느끼는 이러한 큰 위화감을 방치할 수는 없다고 생각했다.

그래서 고안한 기술이 **카탈로그 1부 1부마다 내 이름과 연락처 등이 인쇄된 스티커를 붙이는 것**이었다.

준비물은 뒷면이 스티커로 되어 있는 인쇄용 종이 하나다. '스티커 용지' 또는 '라벨 용지'라는 이름으로 판매하고 있다. 위의 그림처럼, 자료의 여백 공간에 붙이기 쉽도록 크기와 모양을 고려하여, 컴퓨터로 자신의 사진과 이름, 회사, 연락처를 디자인하고 프린터로 인쇄하면 된다.

크기에 맞추어 자르면 자작 스티커는 완성이다. 자료 1부마다 눈에 띄는 부위에 스티커를 붙이도록 하자.

그 정도만으로도 담당자가 자료를 다시 찾아봤을 때 곧장 여러분에 대해 떠올릴 수 있고, 필요하다면 곧바로 연락을 취할 것이다. 상품에 대한 연락이 아니더라도, 자료를 찾아낸 시점에 "열심히 일하는 친구구먼", "자료를 잘 준비했네"라는 좋은 이미지를 심어줄 수 있을 것이다.

얼굴과 이름, 연락처를 기억하게 만들어 주는 '갓 자석'

나는 조금 전 말한 스티커를 가로 10cm 정도의 조금 큰 사이즈로 인쇄한 후, **자력으로 쇠붙이에 들러붙는 얇은 자석판에 붙여서 담당자에게 건네곤 했다.**

집에 있는 우편함에도 종종 하수도 공사 업자 등이 냉장고에 붙이기 쉽도록 만든 홍보용 자석 스티커가 들어있는데, 이와 동일한 원리이다.

여러 차례 말했듯이, 내 거래처는 공장 등 제조 현장이 많았기 때문에, 담당자는 사무실보다 공장 내의 작은 대기실에서 지내는 시간이 더 길었다.

그런 경우, 사무실의 자기 자리에 있는 명함을 확인하는 것은 상당히 곤란하다. 대기실에 자석 스티커를 붙여두면 언제든 필요할 때 확인하여 연락할 수 있고, 직접 만난 적 없는 사람에게까지

내 존재를 알릴 수 있다.

거래처가 일반적인 사무실이라 해도, 담당자의 책상 주위에 자석 스티커를 붙여두는 것만으로도 효과는 매우 크다. **자석 스티커를 건네는 타이밍은 면담을 끝내고 돌아갈 때가 최적이다.** 맨 처음에 건네면 자료와 함께 캐비닛에 들어갈지도 모르기 때문이다.

나는 돌아갈 때 자석 스티커를 건네면서 반드시 상대방과 휴대전화 번호를 교환한다.

상대방의 명함에 휴대전화 번호가 써 있을 경우에는 내 쪽에서 한 번 전화를 걸어 착신 이력을 남기고 '키엔스의 사이타 신지입니다. 오늘은 바쁘신 와중에 시간 내주서서 감사합니다'라고 메시지를 보낸다. 그러면 상대방은 자신의 휴대전화를 보기만 해도 내 이름과 연락처를 일치시킬 수 있다. 덧붙여 '○○ 씨의 연락처를 제 주소록에 추가했습니다. ○○ 씨도 모쪼록 추가 잘 부탁드립니다'라고 보내면 완벽하다.

명함에 휴대전화 번호가 없을 경우, 상대방의 휴대전화로 자석 스티커에 적혀 있는 내 연락처로 전화를 걸도록 부탁하고 위와 같이 메시지를 보내면 된다.

'그렇게까지 할 필요가 있나'라고 생각할지도 모른다. 하지만 다른 사람이 하지 않는 것을 하니까, 주위와의 격차를 벌릴 수 있는 것이다.

면담으로 큰 안건을 빵빵 터뜨리는 슈퍼 영업 사원들은 매일 이런 준비를 하느라 여념이 없다.

여러분도 앞으로 만날 사람들에게 위화감을 주지 않도록 철저히 준비하여 방문일을 맞이하도록 하자.

참고 문헌
*1 《인간성의 심리학 모티베이션과 퍼스널리티》, 아브라함 머슬로 저, 오구치 타다히코 감수 및 번역, 산업능률단기대학 출판부, 1971년

30분간의 면담은 인생을 걸고 하는 쇼타임

상대방의 기억에 남는

'커뮤니케이션'

기본기
5

방문 약속을 잡을 때는
우선 가능성 높은 상대방을 리스트업한다

외모, 내면 그리고 준비물 등, 사전에 할 수 있는 준비를 모두 마쳤다. 그럼 마침내 영업 현장에 뛰어들 차례이다.

영업의 시작은 전화 영업 또는 전화를 통한 방문 약속 잡기다. '전화'가 영업의 성패를 결정한다고 해도 과언이 아니다.

키엔스는 전화 영업을 6개월간 신입 사원 교육 프로그램 중 하나로 포함하고 있다.

역할극 연습을 어느 정도 진행한 후, 사수 역할을 맡는 선배가 거래처 리스트를 건네며 전화 영업을 해보라고 지시한다.

처음에는 보기 좋게 거절당하는 일이 태반이지만, 제대로 본격적인 영업 안건으로 끌어들였다면 **선배가 옆에서 통화 내용을 듣고 있다가 필요에 따라 "상대방이 어느 정도의 예산을 생각하는지 물어봐!"라거나 "납기가 언제인지 확인해!"라면서 조언을 해준다.**

말이 어눌했던 내게 그런 조언은 아주 큰 도움이 되었다. 여러분이 선배나 상사에게 그런 도움을 청할 수 있는 환경이라면 모쪼록 그렇게 하기 바란다.

그런데 영업 활동이라는 측면에서 보면, 전화든 방문이든 해야 할 일은 똑같다. 따라서 전화 영업에서의 기술은 앞으로 나올 방문 영업 항목에서 자세히 설명하도록 한다.

여기서는 직접 만나서 면담하기 위한 방문 약속을 전화로 잡는 방법을 전수하고자 한다.

이제부터 설명할 내용은 어떤 업무에서든지(혹은 일상생활에서도) 써먹을 수 있는 '사랑받는 기술'로, 그 효과를 최대한으로 발휘할 수 있는 상황이기도 하다. 영업 사원이 아닌 분도 모쪼록 참고로 삼기를 바란다.

리스트는 직접 작성하고, 스스로 조사한다

고객과 대화 이전에 일단 어디에 전화할지를 정해야 한다.

이를 게을리하면 방문 약속을 잡기가 매우 힘들어진다.

무작정 전화 걸어서 방문 약속을 잡는 행위는 매칭 애플리케이션에서 상대방의 취향이나 상성을 고려하지 않고 말을 걸고 밀어붙이는 것과 마찬가지다. 그러면, 웬만큼 빼어난 용모 혹은 고연봉이 아닌 이상 매칭되기 어렵다.

영업 또한 이와 같다.

여러분이 팔고자 하는 상품과 아무 상관이 없는 업종인 기업에 전화를 해봤자 무의미하다. 따라서 우선 기존 거래처에 공통된 카테고리를 조사해보자.

아마도 처음에는 선배나 상사로부터 '이 리스트를 보고 전화해' 등의 지시를 받을지 모르지만, 머지않아 자신이 직접 연락할 상대를 정해야 할 시기가 오기 마련이다.

키엔스는 관할 구역 내에 있는 모든 거래처 후보가 데이터베이스로 구축되어 있다. 이를 살펴보면, 과거의 담당자가 상대방과 어떻게 일을 진행했는지 기록되어 있다. 예컨대, O년 전에 XX를 납품했다거나, △년에 □□을 제안하여 견적까지 냈으나 계약에는 이르지 못했다는 등의 정보가 일목요연하게 나와 있다.

데이터베이스가 있을 경우, '이 기업은 과거에 □□라는 상품을 검토한 적이 있으니 가능성이 좀 있겠어'라거나, 'XX를 도입한 것이 ○년 전이니까 슬슬 교환할 시기일지 몰라'라는 식으로, 데이터에 기반하여 전화를 걸 상대를 추려낼 수 있다. 데이터베이스를 열람하는 방법은 선배에게 배우면 될 것이다.

문제는 그런 데이터가 없을 경우이다.

다만 그럴 때도, 기본적인 방식은 키엔스식과 동일하며, 리스트의 '추려내기'가 중요하다.

거래처 후보 리스트가 없다면 직접 만들고, 가능한 한 과거 데이터를 모아야 한다.

선배나 상사에게 예전에 어떤 일이 있었는지 물어보고, 과거 계약서를 조사하며, 사내에 관련 정보가 없다면 인터넷을 통해 거래처 후보의 거래 가능한 상품 및 서비스 내용 등을 알아보는 등, 조금이라도 상품 설명을 들어줄 가능성이 높은 거래처 후보를 추려내는 것이다.

계약 성공률을 높이는 방문 약속 잡기의 흐름
(사내에 축적된 데이터가 있는 경우 ①을 생략)

①	기존 거래처의 카테고리 분석

↓

②	리스트에 추가

↓

③	리스트를 조사(선배에게 질문, 과거 데이터와 비교)

↓

④	방문 약속 및 면담 진행

그리고 자신의 담당 지역을 다니다가 몰랐던 거래처 후보를 찾아내면, 느닷없이 찾아가지 말고 일단 리스트에 추가하도록 하자. 그리고 사내 및 사외에서 정보를 모아보고, 거래처 가능성 여부를 검토한다. 그렇게 하면 방문 약속을 잡고 계약에 성공할 확률을 높일 수 있다.

많이 만나는 것도 중요하지만, 아무 계획 없는 노력은 헛수고일 뿐이며 성과도 적다. 논리와 근성 동시에 임해야 할 것이다.

시선을 사로잡는 캐치프레이즈를 준비한다
— 만나고 싶어지게 만드는 화술

방문 약속을 할 상대방을 정했다면, 이제 전화를 걸 차례다.

대전제는 무조건 밝고 쾌활한 목소리로 말해야 한다는 것이다. 지극히 당연한 얘기지만, 의외로 못하는 사람도 많다.

긴장되는 것도 어쩔 수 없지만, **작은 목소리로 소곤거리듯 말하면 위화감을 줄뿐더러 인상도 나빠진다.** 앞으로 이야기할 내용에 대해 사전에 대본을 만들어 암기해두자.

방문 약속을 잡는 통화 내용을 녹음하여 직접 들어보기도 하고, 역할극을 통해 사전에 연습을 해두어 상대방이 느낄지 모르는 위화감을 줄여나가도록 한다. 준비가 끝났다면, 이제 이를 실천하는 일만 남았다.

'코끼리가 지나가도 멀쩡한 센서?'

그럼 여기서, 비장의 '사랑받는 기술' 하나를 소개하겠다.

먼저, 상대방이 정말 흥미를 느껴주었으면 하는 상품을 하나 선정한다.

그리고 **전화기 너머로 라디오 광고를 들려준다는 이미지로, 그 상품에 대한 알기 쉬운 캐치프레이즈를 덧붙여 소개하는 것이다.**

예컨대, 충격이나 압력에 강한 센서를 판매할 생각이라면, 이런 식이다.

"키엔스의 사이타라고 합니다! 오늘은 이번에 새로 발매한 '코끼리가 지나가도 멀쩡한 센서'를 소개하고자 전화드렸습니다!"

어떤가, 이야기를 들어보고 싶다는 생각이 들지 않는가?

'그냥 막 쓰더라도 향후 10년은 유지 보수할 필요가 없을 정도',

'기름 범벅이 되어도 지장 없음', '성냥갑보다 작은' 등, 그 상품의 특징을 단적으로 드러낼 수 있으면서 상대방의 흥미를 끌 수 있을 만한 캐치프레이즈를 만들어 보자.

상대방이 관심을 보이며 달려들면 성공이다.

"이번에 새로 발매한 '코끼리가 지나가도 멀쩡한 센서'를 소개하고자 전화드렸습니다!"

"**5톤 정도의 충격을 받아도 정상 동작합니다.** 귀사에서도 센서가 뭔가에 부딪혀서 고장 나는 일이 있지 않나요?"

"종종 그런 일이 생겨서 곤란하던 차입니다. 그 제품은 정말로 고장이 안 나나요?"

"진짜입니다. **코끼리가 밟아도 부서지지 않으니까요.** 다음에 실물을 한 번 들고 갈까요?"

"그래요, 한번 보고 싶네요."

이 방식은 아주 효과적이지만, 전화할 상대방의 회사에 부합한 상품을 선정하는 것이 대전제가 된다.

예컨대, 모래나 먼지에 강해서 '분진이 산더미만큼 쌓여도 멀쩡한 센터'라면, 금속 부스러기가 날리는 금속 가공 공장 등에서 관심을 보이겠지만, 먼지 한 톨 없는 무균실에서 생산 공정이 이루어지는 반도체 공장에서는 전혀 쓸모없을 것이다.

여기서 중요한 팁을 하나 전하겠다.

아무리 재밌는 대사라고 해도, 지나치게 장난스러운 말투로 전달하면 안 된다.

어디까지나 진지하게 말해야 설득력이 더 생기며, 위화감을 주지 않고 전달이 가능하다.

사양하지 말고 '만날 것을 전제'로 진행한다
— '바쁘니까 다음에 하시죠'라고 거절당해도,

　거기서부터가 승부다!

전화를 걸었을 때의 고객 반응은 유감스럽게도 호의적이지만은 않다. 당신 또한, 보험사나 부동산 투자, 혹은 선거에서 투표를 요청하는 영업 전화를 받아본 적 있을 것이다. 그럴 때 "딱 좋아요. 얘기 듣고 싶었습니다. 시작하세요"라고 대답한 적이 있는가?

그나마 말을 들어 줄 가능성이 높을 것 같은 상대만 추려서 전화를 걸기 때문에, 불특정 다수에게 전화를 거는 것만큼 부정적인 반응이 나오지는 않을지도 모른다.

그럼에도 불구하고, 상대방은 공사다망하므로,

"지금 바쁘니까 다음에 하시죠"

이렇게 대답하는 사람이 많을 것이다.

마침내 등장한 '바쁘니까 다음에', 하지만 **사실 그것이 여러분에게는 오히려 기회로 만들 수 있는 대답이다.**

실제로 해보자! 절대로 거절당하지 않는 '자라식 전화 약속'

모든 직장인은 바쁘다. 각자 자기의 업무를 수행하고 있으니 당연하다. 방문 약속을 잡는 전화를 걸 때는 '바쁘시니까 실례할게요'가 아니라 '바쁘신 건 잘 알고 있으니 언제 만날 수 있는지 일정을 알려주시기 바랍니다'라는 자세로 임해야 한다.

그렇게 하면, **상대방이 아무리 바쁘더라도 '만나는 것이 전제'라는 입장에서 통화를 하게 된다. 그것이 여기서 소개하는 사랑받는 기술이다.**

그럼, 내가 무수히 경험한 통화 내용을 구체적으로 살펴보도록 하자.

"키엔스의 사이타라고 합니다. 귀사의 생산 라인에서 지

금 도입하고 있는 ○○에 대해, 더 성능이 좋고 가격이 저렴한 신규 상품이 나와서 한번 뵙고 설명드리려고 합니다."

"아, 지금 좀 바빠서요. 다음에 하면 안 될까요."

"네, 그러시죠, 바쁘신 거 잘 알았습니다. 그럼 다음 주나 다다음 주 정도면 언제가 비교적 일정 조정하기 편하실까요?"

"네? 음, 다다음 주는 월말이라, 그럼 다음 주가 더 나을 것 같아요."

"감사합니다. 그럼 **다음 주 초나 후반이라면 언제가 일정 조정하기 편하실까요?"**

"아마 주초가 그나마 괜찮을 것 같네요."

"항상 바쁘신 거 저희도 잘 알고 있습니다. 월요일이나 화요

일 오전, 오후, 저녁이라면 어느 요일과 시간대가 편하실까
요?"

"화요일 오후라면 어찌어찌 시간 낼 수 있을 듯합니다
만…"

"감사합니다. 그럼 **화요일 13시와 15시, 어느 쪽이 괜찮으
세요?**"

"14시부터 회의라, 15시 반 정도면 괜찮을 것 같은데요.
그런데 정말 시간이 날지는 아직 모르겠어요."

"알겠습니다. 그럼 일단 화요일 15시 반에 일정 비워주시
면 방문토록 하겠습니다. 제 휴대전화 번호를 전달드리
오니 **혹시 당일에 다른 일정이 생기거나 하면 다음 주 이후
시간 되실 때로 연기해도 괜찮습니다.**"

"네, 15시 반이죠. 알겠습니다."

◆　◆　◆

어떻게 생각하는가? 상대방이 바쁘다는 것을 당연한 사실로 받아들이고, 그 사정을 존중해주면서 '방문한다'는 전제는 유지하는 것이다.

그리고 상대방이 일정이 어렵다면 취소가 가능하다는 선택지를 남겨주는데, 사실은 취소해도 된다기보다 어디까지나 '연기해도 OK'인 것이다. 이 또한 마찬가지로 '방문한다'는 전제는 유지된다. 마치 자라처럼 물고 늘어지는 방문 약속 잡기의 기술이라 할 수 있다.

단, 여기서 **지나치게 몰아붙이면 안 된다**는 것을 주의해야 한다.

이어서 나올 '사랑받는 기술⑩'에서 더 자세히 설명하겠지만, 내 쪽에서 결론지으면 안 되고 언제나 상대방이 선택한다는 식으로 진행해야 한다. 그리고 최종적으로는 상대방이 '후후, 그렇게 나를 만나고 싶어 할 줄이야, 어쩔 수 없네'라고 생각하도록 만들면 완벽한 결과이다.

이틀 만에 통화를 100건 넘게 하는 키엔스 사원

나는 경험이 쌓이고 사랑받는 기술을 다양하게 구사할 수 있게 된 시기에 **신규 방문 약속의 성공률이 25~30% 정도였다.** 의외로 낮다고 생각할지도 모르지만, 3, 4통 전화하여 1건 약속을 잡는다는 것이니 사실 상당히 높은 수준이다.

우선 10통 걸어서 1건 약속을 잡았다면 성공이라고 생각하고 도전해보자.

키엔스에서는 1주일 중 2일이 내근, 3일은 외근이라, **상급자는 내근하는 2일 동안 100통 넘게 전화를 걸어 25~30건 정도 방문 약속을 잡아, 외근하는 날은 하루 10건을 목표로 거래처 방문 일정을 잡는다.**

전화를 통한 방문 약속은 모든 영업 활동의 출발점이다. 성과를 내려면 필수불가결한 기술이므로, 가능한 한 빨리 이를 습득하기 위해 연습을 거듭해야 할 것이다.

'시간 엄수'와 '연락 엄수'를 구분한다
— '애매한 약속'은 긴밀한 연락을 통해 미세 조정

사회인이라면 시간 엄수는 기본 중의 기본이다. 지각은 상대방의 귀중한 시간을 빼앗는 행위이다.

약속 시간이 되었는데, 나타나지 않는 당신을 기다리는 상대방이 느낄 위화감이 얼마나 클지 상상한다면, 지각은 절대 절대 금물이다.

그러나 **시간 엄수가 무조건 옳다고 할 수 없는 상황도 존재한다.** 만나고자 하는 상대방의 업종이나 입장에 따라, 갑자기 다른 일이 들어오거나 문제가 생겨 대응해야 할 필요가 있어서 약속 시간을 정확히 정하기 어려운 경우도 드물지 않기 때문이다.

"오후 3시 전후라면 괜찮을 것 같지만, 확실하진 않아요. 죄송합니다."

그런 상대방에게 시간 엄수를 강요하는 것은 오히려 민폐에 가깝다.

자, 여기서 '시간 엄수'와 함께 **'연락 엄수'**라는 기술을 습득하도록 하자. 대략적인 일정은 정하되, 실제 만나는 시간은 직전까지 상대방과 긴밀히 연락하면서 융통성 있게 조정하는 것이다.

"몇 시가 괜찮으세요?"

"오후 3시 전후라면 괜찮을 것 같긴 합니다만…"

"알겠습니다. 마침 제 일정이 오후 2시 반에 시청역에서 끝날 예정이니, **출발하기 전에 반드시 연락드리겠습니다.**"

이런 식으로 약속을 먼저 잡고, 이후에는 휴대전화 문자 등을 통해 '이전 일정이 지금 끝났으니 곧 출발하겠습니다', '전철을 방금 탔습니다. 오후 2시 50분경에 귀사의 인근 지하철역에 도착할 예정입니다', '역에 도착했습니다만, 찾아뵈어도 될까요'라고 세세하게 연락하여 상대방의 사정에 맞추어 움직이도록 한다.

상대방과 긴밀히 연락을 취하고 시간을 임기응변으로 조정해가며, 면담을 확실하게 성립시키는 기술이라 할 수 있다.

1일 10건, 효율적으로 방문한다

'연락 엄수' 기술에는 여러 가지 응용법이 있다.

'직전 일정이 O시'라는 부분을 "마침 O시 무렵에 다른 일정으로 귀사 근처에 갈 일이 있어서요"라고 바꾸어 말해보자.

'일부러 멀리서 방문해주었는데 죄송하다'라는 상대방이 느낄지 모를 부담감을 줄여줄 수 있어서, 방문 약속을 수락하기 쉬운 분위기가 조성된다. 상대방의 부담도 줄이고 자기 자신도 이득을 보는 배려라 할 수 있다.

덧붙여, '연락 엄수'형 고객과의 방문 약속 통화는 원래 'O시 전후로'라고 대략적인 시간을 정하므로, 도착이 조금 늦어지더라도 연락만 긴밀히 주고받는다면 '지각'이 되지 않는다. 그래서 일정 간의 간격을 줄이고 방문 약속을 더 많이 넣을 수도 있다.

키엔스에서는 계약 성공 건수와 규모와 마찬가지로 방문 횟수 자

체도 중요한 인사 평가 기준이라, 하루 10곳 이상 방문이 내 기본 스타일이었다.

내가 담당했던 제조업 현장의 영업은 고객과의 대면 시간이 비교적 짧은 경우가 많았고, 같은 공장이나 공업 단지(여러 회사의 공장이 밀집된 지역) 안에 복수의 고객사가 있기도 했다.

그래서 공장 한 군데를 방문했을 때 여러 회사의 부서 담당자들을 만나 연속으로 대화하는 것이 가능했던 것이다.

'시간 엄수'를 하려면 방문 일정 사이사이에 어느 정도 시간적인 여유를 두어야 하지만, '연락 엄수'형 고객이 많으면 더 많은 영업 기회를 확보할 수 있다.

결과적으로 면담도 더 많이 진행가능하다.

방문~면담 초반

기본기 6

시선은 '상대방보다 조금 아래'를 의식한다
— '내려다보는 각도'로 대하는 것은 금물

약속 시간이 다가왔다.

당신은 마침내 고객과 직접 대면하게 된 것이다. 긴 여정이었지만, 본격적인 업무는 이제부터 시작이다!

대부분의 방문처에서는 우선 접수처에서 방문 목적을 설명하고 내선 전화를 통해 담당자를 부른 다음 잠시 로비에서 기다리는 경우가 많다.

로비 접수처에 담당 직원이 있다면 "저쪽에 앉아서 기다려주시기 바랍니다"라고 안내받을지도 모르지만, 여기도 살짝 팁이 하나 있다.

앉지 말고, 가능한 한 서서 상대방을 기다리는 것이다.

그러면 상대방은 '서서 기다리다니 예의 바르고 성실한 사람이네'라고 호의를 갖게 될 가능성이 높다.

처음 만났을 때의 인사법에 대해서는 앞에서 설명한 바 있다.

상대방이 고개를 깊이 숙이면, 나도 이에 맞춘다. 고개를 숙인 채 가만히 있다면, 나도 들지 않는다. 상대방이 가볍게 인사를 건넨다면, 나도 재빠르게 인사를 마친다.

정해진 '형태'를 준수한다기보다, 항상 상대방을 유심히 관찰하고 이에 맞추며, 가능한 한 상대방보다 약간 더 정중한 태도를 보이도록 한다.

인사를 마쳤다면, 상대방과 시선을 맞추는 데 전념해야 한다.

시선은 기본적으로 상대방과 같은 높이, 혹은 상대방보다 약간 낮게 하여 상대방을 올려다보는 정도가 좋다.

상대방보다 높은 위치에서 내려다보게 되면, 기분을 나쁘게 만들 수 있다.

그렇지만 만약 당신이 키가 매우 크다면 웅크리고 있기도 애매하므로, 무리하지 않는 범위 내에서 시선을 맞추도록 하자. 나는 비교적 키가 큰 편이라, 처음 만난 상대방과 이야기할 때는 약간 새우등을 하고, 내려다보는 형태가 되지 않도록 신경 썼다.

등이 굽은 자세로 인한 위화감보다 내려다보게 되어 주게 될 위화감이 더 크다고 생각한 결과이다.

홈페이지 인쇄본과 노트를 활용한다
— 거래처를 구석구석까지 알아내는 '조직 파악'의 비법

이 책의 앞에서 내가 처음으로 방문하는 기업에 가져가는 준비물에 대해 소개한 바 있다.

방문하는 기업의 홈페이지를 면밀히 조사하여 면담에서 관련 있을 만한 부분을 인쇄하여 지참하고, 큰 사이즈 노트를 가져간다고 했다.

'머리말'에서 자세히 설명했지만, 홈페이지 인쇄물을 상대방과 나 사이에 배치하고 이야기를 하면, 상대방이 '준비를 제대로 해왔네' 하고 호감을 느끼기 쉬워 물리적·심리적 거리가 가까워지며, 공개된 정보를 토대로 대화가 진행되므로 짧은 시간에도 자신이 듣고자 하는 본론으로 들어갈 수 있다.

이어서 또 하나의 소지품인 노트의 사용법이다.

노트는 다음에 나오는 '기본기'에서도 다양한 쓰임새를 소개할 예정이나, 우선 가장 기본적인 '방문처의 조직 파악'이라는 사용법에 대해 설명하겠다.

영업 시에 내가 마주하는 상대방을 중시하는 건 당연한 태도다. 그리고 동시에 '이 사람이 회사에서 어떤 역할을 담당하는지'에 대해 파악하는 것도 중요하다.

만약 회사 홈페이지에 조직도가 실려있다면 이를 인쇄하여 함께 보면서 얘기할 수 있지만, 조직도까지 나오는 경우는 극히 드물다. 따라서 자신과 상대방 사이에 놓은 노트에다가 상대방 회사의 조직도를 작성하면 된다.

여기서 한 가지 물밑 작업이 필요하니, 몇 분 전으로 시간을 되돌려보자.

로비 접수처에 담당자가 없고 내선 전화가 비치된 회사의 경우, 높은 확률로 사내 조직도와 조직 구성이 표시되어 있다. **담당자를 기다리는 동안, 그 조직도를 보고 앞으로 만날 상대방이 포함된 부분을 머리에 새기도록 한다.**

예컨대, 면담할 상대방이 '제조 제1부 제3과 과장 김민준'이라는 사람이라면, 다음과 같이 진행하는 것이다.

(자신과 상대방 사이에 놓은 노트에 접수처에서 본 정보를 토대로 〈그림A〉를 그려 넣는다.)

"제조 제1부에는 제4과까지 있나 보네요. 김민준 과장님 외에 다른 과장님은 어떤 분이 계신가요?"

"1과부터 차례대로, 이영수, 조성호, 저, 최현우 이렇게 네 명입니다."

"제4과까지 각각 어떤 역할 분담으로 되어 있나요?"

"네, 1과는 소비자향 상품, 2과는 BtoB 전반, 3과는 자동차 제조사 전문이고, 4과는 그룹사 타깃 상품을 만들고 있습니다."

그림 A

제조 제1부
제조 제2부
제1과
제2과
제3과
제4과
김민준

그림 B

제조 제1부
신정웅
제조 제2부
정상훈
제1과
제2과
제3과
제4과
이영수
조성호
김민준
최현우
소비자향
BtoB전반
자동차 제조사
그룹사

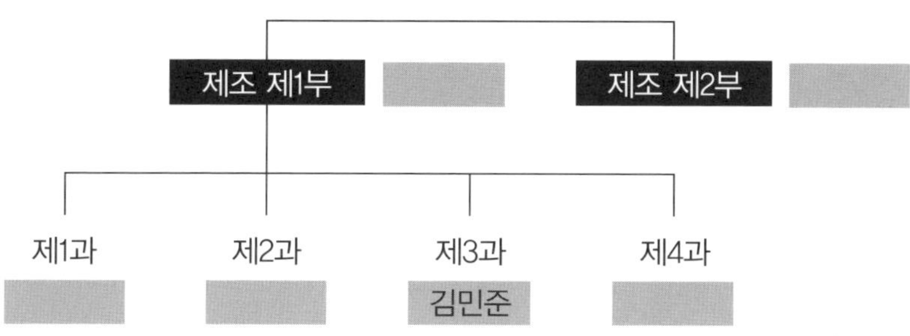

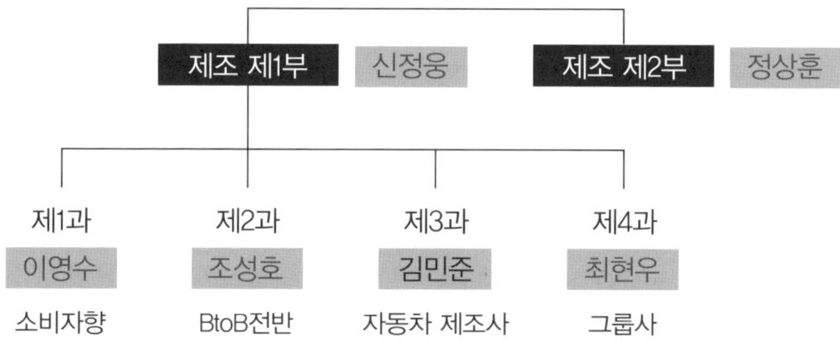

"김민준 과장님의 상사는 어떤 분인가요?"

"신정웅 부장님입니다."

"그럼 제조 제2부의 부장님은요?"

"정상훈 부장님입니다."

이런 식으로 함께 조직도를 완성해나가는 것이다(〈그림B〉). '그렇게 쉽게 알려주기야 하겠어'라고 생각할지 모르나, 의외로 술술 말해준다.

대체로 학창 시절의 습성이 남아 있다 보니, 빈칸이 있으면 채우고 싶어지는 것이다.

느닷없이 '조직도를 보여주세요'라고 하면 쉽게 내주지 않지만, 노트에 표를 그리고 함께 빈칸을 채워나가는 방식을 취하면, '정답'을 말해줄 가능성이 매우 높다.

또한, 홈페이지 인쇄물을 보면서 이야기할 때와 마찬가지로, '우리 회사에 관심이 많구나'라고 생각하여 호감을 느끼게 되며, 공동 작업을 통한 심리적 거리 좁히기 효과도 노릴 수 있다.

그런데 대체 무슨 목적으로 조직도를 만드는 것일까?

기업은 조직체이므로, 1명이 단독으로 의사결정을 할 수 없다. 따라서 **안건을 수주하려면 '조직도상의 누구에게 (혹은 누구와 누구에게) 접촉하면 되는지' 파악하는 것이 가장 빠른 지름길이다.**

상대방의 회사에 어떤 부서가 있고, 책임자는 누구고 실무자는 누구인지, 각 담당은 어떤 식으로 구분되어 있는지 등의 정보는 영업 사원에게 무엇보다 유용하다.

홈페이지 인쇄물과 마찬가지로, 할 때와 안 할 때의 차이가 매우 크다. 반드시 수행해야 하는 사랑받는 기술이라 할 수 있다.

알고 싶은 정보를 '빈칸'으로 만들어 이를 함께 매워가는 작업을 한다. 그러면 상대방과 시점이 겹치면서 마음도 통할 수 있게 된다. 모쪼록 업무에서뿐만 아니라 일상생활에서도 시험해 보기 바란다.

기본기
7

"그건 왜인가요?"로 과제를 파악·해결한다
— 단 하나의 질문으로 매출과 이익이 완전히 달라진다

홈페이지 인쇄물과 조직도 파악은 상대방과의 거리를 좁히고 면담 분위기를 완화하는 일종의 도움닫기 시간이다. 이어서, 영업에서 필수불가결한 면담을 다루도록 한다.

갑작스러우나 여기서 질문을 하겠다.

영업하는 이유는 무엇일까?

'그야 당연히 상품을 판매하려고 하는 거 아냐'라고 생각할지도 모르나, 유감스럽게도 그 대답은 정답이 아니다.

내가 키엔스에서 배운 영업이란 '상대방의 과제를 파악하여 이를 해결해주고 기뻐하게 만드는 것'이라고 정의한다. 이 정의에 대해 감이 오지 않을 수도 있으니, 순서대로 설명하겠다.

• 순서 1 상대방의 과제를 파악한다

우선 '상대방의 과제를 파악하는' 부분이다. 영업에 대해 '자사 상품을 마구마구 팔아치우는 것'이라는 이미지가 있을지도 모르나, 수요가 딱히 없는 상대방에게는 무의미한 일이다. 예컨대, 맑은 하천 근방에 사는 사람에게 생수를 판매하려고 해봤자 아무도 사주지 않을 것이다.

따라서 **일단은 상대방의 수요를 알아내야 한다.** 상품 설명과 질의응답을 통해 어떤 상품에 관심이 있는지, 어떤 곤란한 상황에 직면했는지, 다음에 무엇을 하고 싶은지 등, 상대방의 의향을 탐색하는 것이 맨 처음 할 단계이며 필수 항목이다.

키엔스식 영업은 '상품을 팔아치우는 것'뿐만이 아니다

그럼, 면담을 가정하여 일반적인 영업과 키엔스식 영업의 차이를 시뮬레이션해보자.

당신은 최신 복사기(프린터와 팩스 기능을 겸한 복합기)를 판매하는 영업 사원이다. 고객사 부장에게서 '요즘 복사기 성능이 떨어진 것 같아서 새로 사야 할지 고민 중이야'라는 정보를 듣고 면담을 요청했다.

이때, '상품을 판매한다'라는 목적이라면 다음과 같은 흐름이 될 것이다.

"실제로 도입한다고 했을 때 우려되는 부분이나 문제점 같은 게 있는지요?"

"사이즈는 어떤가요? **저희 사무실 공간이 협소해서 너무 크면 놓기가 어렵거든요.**"

"그럼, 기존 대비 30% 소형화에 성공한 이 상품 A는 어떨까요. 가격도 저렴하고요."

"오, 좋네요. 그럼 견적 내주시겠어요?"

"네, 감사합니다."

질문을 통해 '사이즈가 작은 상품이 필요하다'라는 고객의 수요를 알아냈고, 적절한 상품을 소개하여 견적 요청까지 끌어내는 데 성공했다. '상품을 판매한다'라는 의미에서 이 또한 나쁘지 않은 결과이다.

그러나 키엔스에서 고작 이 정도로는 충분하지 않다. '상대방의 과제를 파악한다'라는 부분이 불명확하기 때문이다. **정답과 오답을 나누는 분기점은 바로 이 부분이다.**

"실제로 도입한다고 했을 때 우려되는 부분이나 문제점 같은 게 있는지요?"

"사이즈는 어떤가요? 저희 사무실 공간이 협소해서 너무 크면 놓기가 어렵거든요."

'왜인가요?'야말로 키엔스식 영업의 핵심을 꿰뚫는 질문이다. 이

어지는 대화로 그 질문의 효과를 확인해보자.

영업

"실제로 도입한다고 했을 때 우려되는 부분이나 문제점

같은 게 있는지요?"

고객

"사이즈는 어떤가요? 저희 사무실 공간이 협소해서 너무

크면 놓기가 어렵거든요."

영업

"그건 왜인가요?"

"네? 아, 그건 같은 곳에 두 대를 나란히 설치해서 그래요."

"왜 두 대를 놓으신 건가요?"

"영업 1과용과 영업 2과용, 이렇게 두 대가 필요하거든요."

"과별로 한 대씩 필요한 이유가 있나요?"

"왜 그랬더라…맞다, **<u>예전에 부서별로 받는 팩스가 서로 섞여서 나중에 구분하기가 번거롭다는 불만이 나와서요.</u>**"

자, 어떤가. '왜인가요'라는 질문을 반복하니, 숨겨져 있던 과제가 드러났다. 이 회사에서는 예전에 '팩스'를 사용하던 시절에 사원이 '부서별로 받는 팩스가 섞여서'라고 불만을 터뜨린 것 때문에 이 과제를 해결하기 위해 기계를 2대 놓은 것이다.

요컨대, **진정한 과제는 '공간이 협소하다'가 아니라, '부서별로 받**

는 팩스가 섞이지 않게 하고 싶다'는 것이다.

•순서 2 과제를 해결하고 기쁘게 만들자

기술의 진보란 굉장해서, 지금 나오는 복합기 중 상위 모델은 복수의 번호에 대한 통신을 한 대로 수신할 수 있으며, 수신 데이터를 종이에 인쇄하지 않고 각 부서의 인원에게 메일로 보낼 수도 있다.

그럼 이 회사의 과제를 해결해보자.

"왜 그랬더라…맞다, 예전에 부서별로 받는 팩스가 서로 섞여서 나중에 구분하기가 번거롭다는 불만이 나와서요."

"부장님, 그럼 저희 회사의 상위 모델을 쓰면 1대로 해결할 수 있습니다. 1대로 2개의 번호에 대한 팩스를 수신할 수도 있고, 받은 팩스 내용을 번호별로 등록한 각 부서 인원에게 메일로 송신할 수 있거든요."

"정말인가요? 그럼 매번 팩스를 확인하러 가지 않아도 되

겠네요. 엄청 편하겠어요!"

'왜인가요'를 통해 진짜 과제를 파악할 수 있었고, 이에 더 높은 수준의 해결책을 제안하여 고객이 기뻐하도록 만들었다. 그리고 영업 실적이나 회사의 이익을 고려해봤을 때도, 사이즈가 작고 저렴한 기종보다 다기능의 상위 기종을 판매하는 쪽이 더 큰 이익으로 이어진다.

고객의 만족도 또한 커지므로 다음 발주도 기대할 수 있으며, '이게 쓸만하더라고'라며 사내의 다른 부서에 소개해줄 가능성도 있다.

바로 이것이 키엔스식 영업이다.

영업이란 '상대방의 과제를 파악하고 이를 해결하여 기뻐하도록 만드는 것'이다.

나는 이 사고방식이 의사의 문진과 비슷하다고 생각한다.

명의는 '배가 아프다'라는 환자에게 그저 진통제를 처방하는 것이 아니라, 환자를 관찰하고 질문을 거듭하면서 진정한 원인을 찾는다. 여러분이 영업 면담에 임할 때도 그런 자세를 명심해야 할 것이다.

문진과 마찬가지로, 여러분의 역할은 '묻고 듣는 것'이 중심이다. **발언 비율로 보자면, 상대방이 7, 여러분이 3 정도가 이상적**이다. 상품 설명을 하느라 시간이 필요하다면, 5:5 정도까지 맞추도록 하자.

사랑받는 기술
10

'닫힌 질문'으로 'Yes'를 모으자
— "말씀하신 대로입니다. 잘 알고 계시네요!"라는

경탄을 자연스럽게 유도하는 방법

이전 페이지에서 구사한 '왜인가요'처럼, 상대방이 자유롭게 답할 수 있는 질문을 **열린 질문(Open Question)**'이라 한다.

이와 반대로, 'Yes or No', 'A, B, C 중 무엇'처럼 정해진 답변에서 선택해야 하는 질문은 **닫힌 질문(Closed Question)**'이라 한다.

'열린 질문'의 효과에 대해서는 조금 전 사례를 통해 실감했을 것이다.

그런데 면담 상대방 중에는 말이 어눌하거나, 지나치게 과묵하거나, 좀처럼 마음을 열어주지 않는 사람도 있기 때문에, 이들에게는 '왜인가요'라는 열린 질문이 통하지 않을 수 있다.

모든 질문에 "그렇죠…"나 "아뇨, 별로…"라는 식으로 답하여,

대화가 이어지기 어렵다. **그럴 때 도움되는 것이 닫힌 질문이다.**

상대방의 말문과 마음을 열어주는 마법의 질문

여기서는 답하기 쉬우며 '예스'라고 대답할 수밖에 없게 되는 닫힌 질문을 구사한다. 질문을 쌓아가면서, '질문→답변→다음 질문→답변'이라는 형태로 상대방을 유도할 수 있다.

신기하게도 이를 반복하는 동안, 상대방의 말문이 트이면서 '열린 질문'에도 답변을 해주는 경우가 많다.

이는 '예스 세트(YES-set)'라는 방법으로, 정신과 의사이면서 최면 치료의 전문가였던 밀턴 에릭슨(Milton H. Erickson)이 고안하였다.[1] 뇌는 자신의 말로부터 영향을 받기 때문에, '예스'라고 대답하는 사이에 무의식중 질문자에 대한 공감이 생기게 된다(그야말로 '사랑받는 기술'이라 할 수 있다). 이론에 대해서는 생략하고, 나 또한 여러 번, 이 방식으로 도움을 받은 적이 있다.

대답하기 쉬운 질문부터 시작하는 것이 요령이다. 그리고 '큰 범위의 질문'으로부터 서서히 핵심으로 파고들도록 한다.

큰 범위라고 해도 "당신은 인간인가요?"나 "여기는 대한민국입니까" 같은 질문을 할 순 없으니, 상대방의 회사나 업무 내용을 어느 정도 조사해두어야 할 것이다.

구체적인 사례를 들어보겠다. 전기 부품 공장의 생산 라인 책임자가 앞에 있다고 가정하자.

"국내 신차 판매 대수가 역대 최대라고 하네요."

"네, 그렇습니다."

"그중에서도 Z사의 신형이 1위라면서요?"

"그렇다고 하네요."

"귀사의 부품이 그 차에 들어갔다고 잡지에서 봤습니다."

"네, 기사가 났죠."

"부품 발주도 많이 들어오지 않았나요?"

"맞아요."

"그런데 Z사가 비용적인 부분에 상당히 민감하다고 들었어요, 이익 내기가 여간 힘들지 않죠?"

"맞아요, 정말 그래요."

"생산 비용을 올리는 원인이 불량률인가요, 아니면 가동률이나 다른 원인이 있나요?"

"우리 회사의 경우 불량률이 제일 커요."

"생산 라인을 개선해서 불량률을 낮췄던 타사 사례를 소개해드려도 될까요?"

"오, 그런 게 있으면 듣고 싶네요."

‘예스’ 수를 늘리기만 해서는 효과에 한계가 있다. 상대방의 회사와 업계에 대한 지식을 토대로 단순한 ‘예스’가 아니라 "말씀하신 대로에요, 잘 알고 계시네요!"라고 깊이 공감하는 ‘예스’를 말하도록 하는 질문을 던져야 한다. 심리학과 비즈니스 지식의 결합이라고 해도 과언이 아닐 것이다.

상대방의 입이 갑자기 과묵해졌다고 느껴질 때

또한 ‘닫힌 질문’은 좀처럼 입을 열지 않는 상대한테만 효과적인 것은 아니다. 질문에 대답을 잘 해주는 사람이라도 답하기 어려운 질문이란 게 있는 법이다.

과묵해졌다고 느껴졌다면, 이제 ‘닫힌 질문’을 던질 차례다. 예컨대, 다음 사례는 양자택일의 닫힌 질문을 활용한 것이다.

"생산 라인 확충은 언제쯤 예상하시나요?" (열린 질문)

"그건 미정입니다."

"연내는 아무래도 힘들겠죠."

"생산 부문에서 많이 압박을 받는 것 같은데, 내년 하반기 정도엔 될까요?" (닫힌 질문)

"아뇨, 그건 너무 늦어요."

아무래도 라인 확충은 내년 상반기로 보인다.

이처럼 '열린 질문'과 '닫힌 질문'을 잘 활용한다면, 상대방의 수요와 진정한 과제를 알아낼 수 있다.

모쪼록 여러분도 이 기술을 익히기 바라지만, 앞의 사례처럼 '닫힌 질문'을 너무 많이 하게 되면 위험에 처할 수도 있다. 형사 드라마에서 나오는 취조실처럼 느껴져서 면담 분위기가 험악해질지 모르기 때문이다.

'닫힌 질문'은 강력한 만큼 위험도 있으니, 활용 방법과 상황에 주의할 필요가 있다.

예컨대, 조금 전에 시뮬레이션한 복합기 관련 대화를 다시 상기해보자.

"영업 1과용과 영업 2과용, 이렇게 두 대가 필요하거든요"라는 답변에, "왜 그랬나요?"라고 '열린 질문'을 했더니, 상대방이 '예전에 기계를 2대가 있던 이유=진정한 과제'를 떠올렸다.

그렇다면, 만약 "영업 1과용과 영업 2과용, 이렇게 2대가 필요하거든요"라는 답변을 한 시점에 다음과 같은 '닫힌 질문'을 던졌다면 어떻게 되었을까.

"저희 회사의 이 제품을 쓰시면, 2대를 들이지 않아도 1대만으로도 전부 됩니다. 이거 1대만 구매하시면 어떨까요"

한 번에 '예스'라고 할 확률도 있긴 하지만, **담당자가 아직 '예전**

에 왜 2대를 들였는지'라는 진정한 과제를 떠올리지 못한 상태이다.

따라서 과제가 해결되어 감사를 받는 게 아니라, 여러분이 한 '닫힌 질문'에 대해 '비싼 가계를 강매하려고 한다'라고 인식할 가능성이 있다.

영업은 의사의 문진과 비슷하다고 설명했는데, 환자 자신이 어디에 이상이 있는지 자각하고 있기 때문에 의사가 하는 말을 받아들이는 것이다.

상대방이 아직 과제에 대해 인지하지 못한 상태에 이쪽에서 상품을 내밀어 버리면, 여러분의 제안을 받아들이지 않을 가능성이 크다.

'닫힌 질문'을 반복할 때는 상대방의 반응을 특히 잘 관찰해야 한다. 그리고 어디까지나 결론을 상대방이 내리도록 만들어야 한다는 것을 명심하자. 그렇게 하면, 상대방은 당신과 더 오랫동안 좋은 관계를 유지하고자 하는 생각이 들게 될 것이다.

질문하기 어려운 것은
종이에 쓴 다음 '가리키자'

— 상대방의 경계심을 단숨에 허무는 방법

이전 항목에서 상대방이 '열린 질문'에 대해 답변해주지 않을 경우 '닫힌 질문'으로 이를 타개하는 방법을 설명한 바 있다. 여기서는 일반적으로 좀처럼 답변하기가 어려운 **진입장벽이 높은 질문**을 해도 답변을 받을 수 있는 사랑받는 기술을 몇 가지 소개하겠다.

1. 태연하게, 스쳐가듯 묻는다

의외로, 심플하게 물어보는 게 효과적일 수 있다.

중요한 것을 물어볼 때 자기도 모르게 "대답하기 힘들지도 모르지만"이나 "밑져야 본전으로 물어보는 건데"라고 말을 꺼내는 사람이 많은데, 이러면 완전 역효과이다. '이제부터 중요한 것을 물이볼 거야'라며 이쪽에서 분위기를 먼저 잡으면, 상대방 또한 '함부로 정보를 발설하면 안 되지'라며 경계를 굳히게 된다.

어깨의 힘을 빼고, 괜히 뜸을 들이지 말고, 자연스러운 대화의 흐름 속에서 질문해야 한다. 중요한 정보를 물어볼 때일수록, 마치 **"오늘 점심에 뭐 드셨어요?"라고 물어보는 듯한 느낌으로, 태연하게 질문**하는 것이 좋다.

상대방이 '나도 모르게 말해버렸지만, 이 사람한테라면 괜찮겠지'라고 생각하면 더할 나위 없을 것이다.

만약 실패했다면, 일단 그 화제는 다시 언급하지 말고 다음 기회를 노려보자.

2. 선택지를 쓰고, 손가락으로 가리키도록 한다

다음은 '사랑받는 기술 ⑨'에서도 썼던 노트를 활용한 방법이다.

파티션이 얇은 회의용 부스에서 대화할 때 등, 상대방이 '가르쳐 줘도 되긴 하는데, 주위 사람들이 들으면 곤란한데'하는 상황이라면 효과적이다.

어떤 상품을 납품하는 건으로, 다른 회사와 경합 중인 상황이라고 하자. 그런데 경쟁사가 어디인지 알 수 없다. 직접적으로 "경쟁사가 어디인가요"라고 질문을 해봤지만, 상대방은 "그건 좀…"이라며 입을 다문다.

그럴 때는 노트에 당신이 후보라 생각하는 경쟁사의 이름을 몇 군데 적은 다음, "혹시 이 중에 어디인가요?"라고 조용히 물어보면서 손가락으로 가리켜보면 된다.

직접 말해주긴 어려워도 이런 방식으로 하면 경쟁사가 어디인지 손가락으로 가리켜서 알려주기도 한다. 상대방과 당신에게 둘 다 기분 좋은 배려라 할 수 있다.

물어보고 싶지만 할 수 없는 경쟁사의 입찰액도 알아낼 수 있다

노트는 이런 활용법도 있다.

당신이 계약을 위한 가격 교섭을 하고 있다고 가정하자. 아무래도 경쟁사가 더 낮은 입찰 금액을 제시한 것 같아 보인다. 상사로부터 "무슨 일이 있어도 이 계약은 따내야 해"라는 지시를 받은 당신은, 경쟁사의 입찰액을 알아내고 싶지만 직접 물어봐도 대답해

주지 않아 곤란한 상황이다.

그럴 때는 아래의 그림처럼, **노트에 당신이 생각하는 상한액과 하한액을 적은 다음, "이렇게 보면 어디쯤인가요?"하고 물어보는 것이다.**

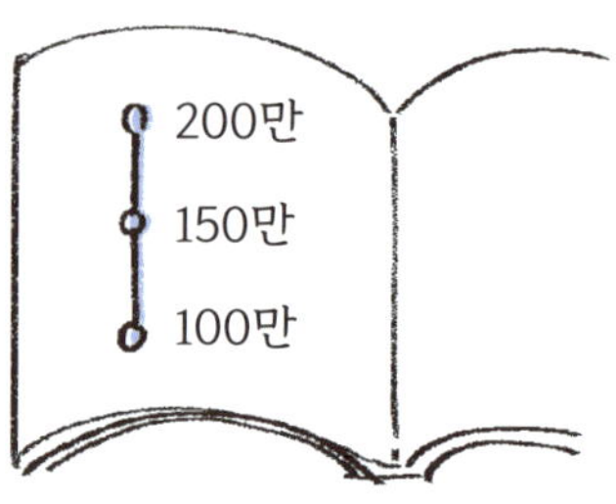

상대방이 "아마 이쯤일 거에요"라고 손가락으로 가리켜주었다면, 그게 정답이다. 만약 고개를 갸우뚱거리고 있다면, "혹시 더 아래인가요?"라고 말하면서 아래에 숫자를 더 써보면 대답을 해줄지도 모른다.

다만, 금액에 대한 화제는 모든 교섭에서 가장 민감한 부분이며, 돈 얘기를 혐오하는 사람도 있다. 돈 얘기를 할 때는 상대방이 위화감을 느끼고 있는지 여부에 대해 평소보다 더 유심히 관찰하도록 하자.

바위처럼 움직이지 않는 담당자는 패턴에 따라 공략하자

― 안 사는 사람의 세 가지 특징과 대책

지금까지 다양한 기술을 설명했지만, 그럼에도 역시나 성공보다 실패가 더 많은 게 영업일이다.

상대방이 애초부터 쌀쌀맞고 어찌할 바 없는 타입이라면 포기라도 하겠지만, 당신의 설명도 열심히 듣고 상품도 마음에 들어하는 것 같으면서 막상 구매는 안 하는 사람이 가장 곤란하다.

가능성은 있어 보여서 방문하는 횟수는 늘었지만, 그 모든 것이 헛수고로 끝날지도 모른다. 그런 까탈스러운 고객의 공략법을 전수하고자 한다.

상대방을 주의 깊게 관찰하여 '안 사는 이유'를 간파하자

구매하지 않는 까닭은 무엇일까. 몇 가지 가능성을 생각해볼 수 있겠다. 고객의 특징별로 공략 방법을 검토해보자.

특징 1. 무슨 말을 해도 "괜찮네요"라는 대답을 한다

이런 경우, 그 고객은 **'상냥한 거짓말'을 하고 있을 가능성이 높다.** 사실은 당신이 소개하는 상품에 관심이 없고, 계약할 생각도 없으면서 '그래도 일부러 영업하러 와줬는데, 사실대로 말하기도 좀 그렇지' 하면서 마음에 드는 척하는 것이다.

이러한 타입은 간파하기 힘든 편이지만, **가장 기본적인 질문 중 하나인 '부정적인 면을 묻는 질문'에 대한 답변**을 통해 힌트를 얻을 수 있다.

상품을 설명하는 동안에 중간중간에 '실제로 도입을 검토할 경우의 우려 사항이나 문제점은 없는지'하는 질문을 던져서, 대체로 "특별히 없어요"라거나, "알기 쉽게 설명해주셨어요", "괜찮네요"라는 답변이 나왔다면, 그 상품에 대해 진지하게 고려하지 않고 있을 가능성이 크다.

최강의 일하는 방식 **키엔스**

또한 "제가 소개해 드린 내용 중에서, ○○님이나 귀사에서 구체적으로 도움이 될 만한 부분이 있었는지요?"라고 질문을 던졌을 때, 구체적인 답변이 나오지 않았다면, 마찬가지로 고객이 가볍게 생각하고 있을 가능성이 있다.

이러한 패턴을 보이는 상대방에게 영업을 계속해봤자 결코 좋은 성과로 이어질 수 없으므로, 완전 다른 제안을 하거나 일단 거리를 둘 것을 권한다.

특징 2. 좋다고는 생각하지만, 결단을 내리지 못하는 이유가 있다

그다음으로는 '정말로 좋다고는 생각하지만, 뭔가 마음에 걸린다'라는 이유를 추측해볼 수 있겠다. 이러한 패턴은 다시 다음과 같이 두 가지로 나눌 수 있다.

A : 자신은 좋다고 생각하지만, 누군가가 반대하고 있다.

B : 회사에는 좋은 제안이지만, 내가 직접 움직이기는 번거롭다.

A일 경우, "도입 검토하실 때, 혹시 누군가 반대하실 가능성이 있는지요?"라고 물어보고, 만약 상사가 반대하고 있다면 그를 직접 만나 설명하고 사태를 타개하는 것도 가능하다. 사전에 담당자

로부터 상사가 반대하는 이유에 대해 들어두면, 그 점을 중점적으로 설명하는 것도 효과적이다.

B일 경우, 그 담당자가 자신이 귀찮아서 나서기 싫다는 것을 인정하지 않을 가능성이 크다. 혹은 자각조차 못하고 있을지 모른다. 그렇기 때문에 아무리 당신이 열심히 계약을 권해도 이런저런 핑계를 대며 도망치려 할 것이다.

이런 패턴을 보이는 담당자를 만났다면, 그와의 관계는 유지하면서, 사내의 다른 사람을 공략하도록 하자. 그쪽에서 계약까지 성공했다면, "저도 전부터 계속 좋다고 생각은 했었는데요"라면서 끼어들지도 모른다.

특징 3. '내 생각과 좀 다른데'라는 표정을 짓고 있다

마지막 패턴은 **상품 자체는 좋다고 여기지만, 담당자가 중시하는 부분과 당신의 제안 내용에 차이가 있을 경우**이다. 경험이 많지 않은 영업 사원이 빠지기 쉬운 상황이기도 하다.

하나의 상품이라고 해도 다양한 측면을 갖고 있다. 물론 판매자가 어필하고 싶은 부분이 있고, 영업은 이를 선전하려고 하지만,

고객이 반드시 그 점에 매력을 느낀다고 단언하기는 어렵다.

이 책의 앞에서 친구에게 최신 아이폰을 추천했다가 기대와 다른 반응을 한 사례를 소개한 바 있다. 고객이 느끼는 상품의 매력과 여러분이 내세우는 매력이 일치하지 않을 수도 있는 것이다. **일방통행이 되지 말고, 고객 하나하나에 맞춘 영업을 하고 있는지,** 그것이 중요하다.

기본으로 돌아가는 형태가 되었는데, 당신의 설명을 듣는 상대방이 위화감을 느끼고 있는지 아닌지 잘 관찰하여 간파하는 능력을 더욱 강화해야 할 것이다.

가족과 친구와의 관계에서도 이는 마찬가지다. 당신이 좋다고 여겨 취하는 발언과 행동이 실제로는 혼자만의 착각일 수 있다. 상대방의 반응을 늘 확인하는 것을 게을리하지 않는다면, 여러분은 더 신뢰를 받고 사랑받을 수 있을 것이다.

최고 중요 고객은 '보이지 않는다'
— 개미집을 조금씩 넓혀가는 활동

이제 이 장의 마지막 부분이다. 여기서 퀴즈를 하나 내겠다.

> **퀴즈** 여러분의 눈에는 보이지 않으나,
> 여러분에게 가장 중요한 고객이 누구일까?

수수께끼 놀이처럼 들릴지도 모르지만, 정답은 간단하다.

바로 '당신의 회사와 거래를 아직 하지 않은 고객'이다.

당신의 경쟁사가 굳건히 지키고 있는 고객은 당신의 눈에 전혀 보이지 않는 존재이다. 그런 경쟁사의 충성 고객이야말로 당신이 진지하게 공략해야 할 상대라 할 수 있다.

키엔스는 1974년에 설립된 후발 주자이지만, 경쟁사로부터 조금씩 시장 점유율을 빼앗아 마침내 업계 1위까지 급성장했다는 것을 '머리말'에서 전한 바 있다.

그 원동력 중 하나가 경쟁사 제품만 이용하던 고객에게 적극적으로 영업을 펼쳐, 슬그머니 자사 제품으로 갈아타도록 만드는 작전이었다.

오셀로 게임으로 예를 들자면, 검은 돌로 가득했던 게임판을 전부 흰 돌로 바꾸는 것과 같다. 이는 영업의 묘미라 할 수 있겠다.

물론 단번에 모든 것을 뒤집어야 한다는 의미가 아니다. **이거다 싶은 상품을 제안하고, "일단 이거 하나만 써보시겠어요"하고 작은 한 걸음을 내딛는 것이다.**

이제까지 매출이 없던 곳에 개미집을 하나 뚫은 것과 같다. 매출은 작더라도, 정성껏 신경 써서 고객을 대하고 철저하게 지원한다면, 담당자의 신뢰를 얻을 수 있다.

한 담당자로부터 다른 담당자로 신뢰의 원을 크게 만들고, 숨겨진 수요를 파악하여 해결하면, 개미집은 점점 넓어질 것이다.

이미 거래를 튼 고객으로부터 발주를 받는 것 또한 중요하지만, 향후 장기간에 걸쳐 실적을 올리려면 '보이지 않는 고객'을 필수적으로 개척해야 한다.

지금은 아무 관련 없는 고객 중에도 엄청난 가능성이 숨겨진 존재가 있을지 모른다. 그런 관점을 잊지 말도록 하자.

이는 비단 모든 사업뿐만 아니라, 인생에서도 마찬가지다.

현재 눈에 보이는 관계에만 사로잡히게 되면, 정말로 소중한 파트너를 못 만난 채 일생을 마칠지 모른다. 폭넓은 시야를 갖고, 여러 회사, 그리고 많은 사람과 교우 관계를 맺으면 당신의 가능성을 훨씬 넓힐 수 있다.

참고 문헌
*1 《밀턴 에릭슨의 최면의 현실 – 임상 최면과 간접 암시 가이드》, 밀턴 H 에릭슨, 어니스트 L 로시, 쉴러 I 로시 저, 사쿠라이 카츠미 역, 금강출판, 2016년

제3장

'시간의 신'에게 사랑받는 사람이 눈에 띄지 않는 곳에서 하는 행동

업무 속도가 빠른 사람의

'순서도'

기본기
8

외근일과 내근일을 명확히 구분한다
─ '내근 2일, 외근 3일'이 기본

이전 장에서는 주로 거래처에서 해야 할 행동에 대해 다루었다. 이를 '표면적 업무'라 한다면, 이번 장에서는 **거래처에 가기 전의 준비 및 방문 후에 해야 할 일 등의 '이면적 업무'**에 대해 알아보도록 하자.

제2장에서 면담 수를 최대화하는 방문 약속 잡기 기술을 소개하였는데, 여기서는 **'면담하러 외출하는 날과 사무실에서 일하는 날을 명확히 구분해야 한다'**라는 마음가짐을 설명하도록 하겠다.

사무실에서 업무를 하고 약속 시간이 가까워지면 외출한 다음, 면담이 끝나고 다시 사무실에 돌아오는 식으로 하게 되면, 면담이 있을 때마다 외출 준비를 하고 다시 돌아오면 컴퓨터를 가방에서 꺼내야 하는 등 시간 낭비가 늘어난다. 사무실과 지하철역을 왕복하는 것도 여러 번 반복하다 보면, 무시하지 못할 정도로 많은 시간 낭비다.

키엔스의 기본 스타일은 1주일 중 2일이 사내 작업, 3일이 외근이다. 사내에 있을 때는 주로 전화로 방문 약속을 잡는데, 부서에 따라 차이는 있지만 대략 1일에 50통에서 80통 정도 전화를 건다.

"그렇게 많이?"라고 놀랄지도 모르지만, '하루 10건 방문 영업'을 3일간 해내려면 1일 내근에 50~80통 정도는 전화를 걸어야 한다.

물론 다른 업종에서는 그렇게 많이 면담 약속을 잡을 필요가 없을지 모른다. 전화를 거는 횟수나 '내근 2일, 외근 3일'이라는 일정 배분도 각각의 업종이나 상황에 맞춰 바꿔도 무방하다. 다만, '내근하는 날 얼마나 많은 방문 약속을 잡는지가 영업에서의 승부처'라는 점을 반드시 의식하도록 한다.

방문 약속 수를 최대화하는 비장의 기술

'1일 10건 방문 약속'에 대해 "하루에 그렇게 많이 갈 수 있다고?"라고 느낄지도 모른다.

업무 시간이 아침 9시부터 저녁 6시까지라고 한다면, 단순 계산으로도 한 건당 한 시간 잡아서 총 9건이 최대인데, 이동 시간은 여기에 포함되어 있지 않다.

다만, 당시 내가 담당하던 제조업 현장의 영업은 고객과의 대화 시간이 비교적 짧은 경우가 많았고, 같은 공장이나 같은 공업 단지에 복수의 고객이 자리하고 있는 케이스도 많았다는 것을 전제로 설명한 바 있다. 또한, 공장 한 곳을 방문했을 때 여러 부서의 담당자와 차례로 서서 이야기하는 일도 많았다.

따라서 다른 업종에서 '1일 10건'이 반드시 가능하다고 할 수는 없으며, 또 그렇게 할 필요도 없지만, 면담 수는 결과에 직결된다. 여기서는 조금이라도 많은 고객과 방문 약속을 잡아 계약 가능성을 더 늘릴 방법을 설명하겠다.

우선 하루 일정을 '오전1, 오후2 (전반과 후반)', 이렇게 세 개의 시간대로 구분하여 생각하자. 그리고 중요한 약속을 각 시간대에 하나씩 배치해가는 것이 기본 방식이다(191페이지 그림 참고).

 최강의 일하는 방식 **키엔스**

　중요한 약속 및 중요 고객에 대한 선정 방식은 업종에 따라 다르겠지만, 여기서는 일단 '계약 성사 가능성이 높거나, 성사되었을 때의 금액 규모가 큰 고객'이라고 가정한다.

　1일을 3시간대로 나누는 이유는 이동 시간을 최소화하기 위해서이다. 시간대별로 각각 중요한 약속을 배치한 후, 동 시간대에 그 근처에 있는 회사와 방문 약속을 잡는다.

　오전에 A지역, 오후 전반에 B지역, 오후 후반에 C지역, 이렇게 정리하여 방문 일정을 넣으면 장거리 이동을 1일 최대 2회까지 줄일 수 있다. 오후의 2시간대의 방문 일정을 서로 가까운 지역으로 잡으면 더 완벽해진다.

　방문 약속 횟수를 늘리고 싶다면 지각 가능성을 알아보고 검토해보도록 하자. 그리고 중요한 약속은 각 시간대의 맨 앞에 배치하는 등, 이동에 여유가 있도록 하며, 제2장에서 설명한 '연락 엄수 방문 약속'과 조합하면 편리하다.

　거기에, 이전 방문 시에 "다음에 근처 올 일 있으면 연락드리겠습니다"라고 운을 띄워놓고, 일정 사이사이에 여유가 생겼을 때

"지금 잠깐 찾아 뵙고 말씀드려도 될까요"하고 연락하여 잠시 들르는 '+α(플러스 알파)' 방문처를 미리 준비해두면, 지각 우려 없이 방문 약속을 잡을 수 있다.

1일을 3개의 시간대로 나누고, 각 시간대의 중심이 되는 '중요 약속'과 그 근처에 있는 거래처와의 '인근 약속'을 잡는다. 인근 약속은 일반적인 방문 약속뿐만 아니라, 시간이 조금 바뀌어도 괜찮은 '연락 엄수 약속' 및 갑작스러운 방문도 가능한 '플러스 알파 약속'도 포함하여 잡으면 된다.

이러한 방문 약속 잡기 기술은 영업직뿐만 아니라 모든 직종에서 효과적으로 활용할 수 있다.

비즈니스 이외에서도 이 사고방식은 통한다. 예컨대 사야 할 것이 있을 때, 오전 오후에 '절대 빼놓을 수 없는' 중요한 행선지를 넣어 두고, 그 주변에 있는 가게를 찾아 목적지에 포함하는 식으로 일정을 짜면 효율적이고 만족도 높은 쇼핑을 할 수 있다. 데이트할 때나 아이를 동반한 외출, 복수의 목적지를 순회하는 여행 일정 등, 다양한 상황에서 활용하면 편리하다.

방문 약속 잡기 예시

이동	
오전	〈 지역① 〉 **중요 약속** 인근 약속 (+ α 약속) 연락 엄수 약속
점심 시간 (이동)	
오후 A	〈 지역② 〉 **중요 약속** 연락 엄수 약속 (+ α 약속) 인근 약속
이동	
오후 B	〈 지역③ 〉 인근 약속 (+ α 약속) 연락 엄수 약속 **중요 약속**

숙제는 가져가지 않는다
— 면담 중간, 면담 끝난 후
'한 통의 전화'로 최대의 효율을 낸다

내근하는 날의 해야 할 일은 방문 약속을 잡는 것만이 아니다. 이제부터 설명할 여러 가지 사전 준비 또한 내근하는 날의 중요한 업무이다.

여러분 중에는 내근하는 날을 '외근하는 날 못한 여러 잡무를 처리하는 날'이라고 생각하는 사람이 있을지도 모르나, 그건 너무 편협한 생각이다.

사실 **내근하는 날을 어떻게 활용하느냐가 영업 실적을 좌우한다**고 해도 과언이 아니다.

나는 내근하는 날에는 방문 약속과 사전 준비에 전력을 기울여야 한다고 생각했다. 그리고 이를 위해서는, 외근하는 날에 쌓인 업무를 최소한으로 줄이는 것이 중요했다.

키엔스에서 근무하던 시절, 나는 아침 7시 반에 출근하여 그날의 영업에 필요한 자료와 기기 샘플을 챙겨 곧장 이동, 거래처를 방문했다.

저녁에는 19시 전후로 회사에 복귀하였으나, **당시 키엔스는 21시 30분 이후 야근 불가 방침이 있었기 때문에, 외근하는 날에 회사에 있는 시간은 오전 오후 합해서 3시간 정도밖에 되지 않았다.**

그렇지만 거래처를 돌다 보면, 여러 요청을 받게 된다.

상품의 상세 데이터를 보내 달라고 하지 않나, 견적서와 계약서를 작성해달라고 하지 않나, 기술적인 부분의 의문을 해소하고 싶다는 등, 이런 요청을 들고 회사에 돌아와 작업하다 보면 3시간으론 턱없이 부족하다.

결과적으로 외근하는 날 처리하지 못하고 남은 업무를 내근하는 날로 넘기게 되고, 내근하는 날에는 그것을 처리하느라 방문 약속 잡기와 사전 준비를 할 수 없는 악순환이 생긴다.

그래서 나는 '숙제는 가져가지 않는다'라는 철칙을 스스로에게 내세웠다.

예를 들어, 면담 중에 고객으로부터 "○○라는 조건으로 견적서를 내주세요"라는 요청을 받으면, **면담 후 곧바로 사무실에 있는 영업 사무 담당자에게 연락하는 것이다.**

거래처와 금액 등의 조건을 전달하고, 견적서 작성 및 메일 송부를 요청하면 그 자리에서 대응이 끝난다.

애초에 "상세 자료 주세요"라는 말이 안 나오도록, 면담에서 다룰 가능성이 있는 상품에 대한 모든 자료와 샘플을 지참해 갔으며, 그래도 해결할 수 없는 문제가 있을 때는 면담 현장에서 바로 본사 기술 담당자에게 전화하여 그 의문을 해소시켜 주었다.

이 원칙을 지키면, **고객은 당신에 대해 매우 좋은 인상을 갖게 될 것이다.**

당신에게 "견적서를 내주세요"라고 부탁한 고객은 아마도 '보내주는 건 빨라야 오늘 밤이나 내일이겠지'하고 생각했을 터다. 그런데 면담을 마치고 수십 분 만에 서류가 오는 것이니, '다른 업무보다 이 서류를 우선으로 처리해줬어. 우리 회사를 존중하는 거지'라고 느낄 것이다.

회사에 복귀해서 처리하는 것이 아니라, 그 자리에서 재빠르게 대응한다.

상대방이 예상한 것보다 훨씬 빨리 행동을 취하면, 당신의 호감도를 단숨에 올릴 수 있을 것이다.

일석삼조 – 빠른 대응의 효과

면담에서 제기된 과제 및 추가 작업은 면담 중간이나 면담 종료 후 바로 해결하여, 회사에 갖고 갈 필요가 없도록 한다.

이를 명심한다면 ①고객의 호감도를 올릴 수 있으며, ②사무실에 있는 시간을 줄일 수 있다(=외근에 활용할 시간을 늘릴 수 있다) 등의 효과가 있다.

그리고 ③**내근하는 날에 다음 날 외근 준비를 위해 집중하여, 영업 효율을 극대화할 수 있다.**

'숙제는 가져가지 않는다'라는 규칙은 그야말로 일석삼조라 할 수 있으며, 영업 이외의 상황에서도 효과적이다. 가족이나 친구의 부탁을 '나중에', '다음에'라며 미룬 적 있지 않은가?

부탁을 받았다면 숙제로 남기지 말고 곧장 대응한다.

그런 마음가짐을 유지하면 당신의 평판은 급상승할 것이다. 주위 사람의 애정도가 쭉 올라가므로, 모쪼록 오늘부터라도 실천하기 바란다.

메일은 '10초 이내'로 끝낸다
— 신속하게 회신을 보내, 고객의 마음을 사로잡자!

고객이 내는 숙제 중 높은 비중을 차지하는 것이 메일 대응이다. 방문 후의 감사 메일, 요청받은 자료나 견적서 등을 첨부한 메일, 문의 메일에 대한 회신 등, 메일 처리에 걸리는 시간만 해도 상당하다.

'메일 작업만 대폭 단축할 수 있다면 업무 시간도 많이 줄어들 텐데…'라고 머리를 싸매고 고민하는 분에게 비장의 메일 테크닉을 전수하도록 하겠다.

예컨대 이런 메일을 쓴다고 하자.

주식회사 PHP전자산업
정밀부품가공 제8부 마츠다이라 코타로님

안녕하세요,
키엔스의 사이타 신지입니다.
오늘은 바쁘신 와중에 귀한 시간 내주셔서 감사합니다.
당사의 레이저 센서인 'AB-S800'의 자료를 요청하신 점, 진심으로 감사드립니다.
요청하신 해당 자료를 첨부하여 보내드립니다.
잘 모르는 부분이나 질문이 있으시면, 무엇이든 문의 바랍니다.
다음에는 샘플도 지참할 예정이니, 편히 말씀해 주시기 바랍니다.
앞으로도 잘 부탁드립니다.

  메일 내용은 전하고자 하는 바만 간결하게 쓰도록 하고, 길어도 15줄 정도에 담을 수 있게 주의한다. 그렇게 해도 상대방의 회사 이름과 자사 상품명을 다시 확인해야 하므로, 타자가 빠른 사람이라도 대체로 5분 정도는 걸리게 된다.

  그런데 사실 위 메일을 쓰는 데는 단 10초도 안 걸린다.

5분 걸리던 메일을 8초 만에!

메일 고속화의 열쇠를 쥐고 있는 건 **'단어 등록'**이다.

업무 메일은 대체로 비슷한 말투를 사용하는 경우가 많다고 생각한 적 없는가? 그렇게 자주 사용하는 표현을 단어 등록하면 메일을 쓰는 속도를 비약적으로 향상시킬 수 있다.

방법은 매우 쉽다.

윈도우즈 기반의 컴퓨터에 기본 탑재된 'IME'라는 입력 소프트웨어의 경우, 화면 오른쪽 아래에 있는 가로로 긴 사각형 안에 있는 '가'나 'A'라는 문자를 오른쪽 클릭하면 메뉴가 표시되는데, '단어 추가'를 선택한다.

'단어 등록'이라는 상자가 열리므로, 이제 '단어' 칸에 등록하고 싶은 단어를 입력하고, '읽기'란에 첫 몇 글자를 히라가나로 넣은 후, '등록'을 클릭하면 된다.

고객의 회사 이름이나 담당자 이름은 틀리면 실례이므로 매번 명함을 다시 확인하는 사람이 많으나, 단어 등록 기능을 활용하면 한 번 입력으로 끝이다.

조금 전 메일을 예로 들면, '주식회사 PHP전자산업'을 'P', '정밀부품가공 제8부 마츠다이라 코타로님'을 '마츠'로 단어 등록하면, 키보드로 'P'와 '마츠'라고만 입력해도 화면에 전부 표시될 것이다.

자주 사용하는 표현이나 자기가 취급하는 상품명 또한 사전에 단어 등록해두면, 메일 작업은 순식간에 끝낼 수 있게 된다.

조금 전 메일을 단어 등록 기능을 통해 써보면 어떻게 될까.

【P】→주식회사 PHP전자산업

【마츠】→정밀부품가공 제8부 마츠다이라 코타로님

【안녕】→안녕하세요.

【키】→키엔스의 사이타 신지입니다.

【오늘】→오늘은 바쁘신 와중에 귀한 시간 내주셔서 감사합니
다.

【S8】→당사의 레이저 센서인 'AB-S800'의 자료를 요청하신 점,
진심으로 감사드립니다.

【요청】→요청하신 해당 자료를 첨부하여 보내드립니다. 잘 모
르는 부분이나 질문이 있으시면, 무엇이든 문의 바랍

니다.

【다음】→다음에는 샘플도 지참할 예정이니, 편히 말씀해 주시기 바랍니다. 앞으로도 잘 부탁드립니다.

IME에서는 60글자까지 하나의 단어로 등록 가능하므로, 메일 후반에 있는 조금 긴 문장도 전부 단어 등록할 수 있다. 그렇게 하면 입력에 걸리는 시간도 대폭 생략할 수 있다.

내가 이 메일을 쓰는 데 걸린 시간은 겨우 8초이다. 맨 처음 단어 등록할 때 번거로움이 있지만, 한 번 해놓으면 메일을 순식간에 쓸 수 있게 되므로 매우 효율적이다. 모쪼록 이 사랑받는 기술을 시험해 보고 활용하길 바란다.

회사에서 5분 이내 장소에 거주한다
— 통근 시간을 단축하고 수면 시간을 확보

영업에 쓸 시간을 최대화하기 위해 나는 '회사 근처에 거주한다'라는 철칙을 세웠다.

키엔스 시절의 내 근무지는 치바현, 도쿄도, 아이치현, 베트남, 후쿠오카현 등 총 5곳이었는데, 도쿄 근무를 제외하면 항상 회사에서 도보 5, 6분 이내 장소에 거주했다(도쿄는 아무래도 예산이 맞지 않았다…).

앞에 설명한 바와 같이, 내 기본 업무 스타일은 아침 7시 반에 출근하여 밤 9시 29분에 퇴근이었기 때문에, **통근 시간을 조금이라도 줄여서 가능한 한 수면 시간을 더 확보하겠다**는 생각이 강했다.

선배나 동료들은 통근 시간을 생략하기 위해 집에서 직접 거래처로 가는 '직행'이나, 거래처에서 바로 귀가하는 '근무처 퇴근'을 하는 경우가 많았다.

그러나 나는 사전 준비를 중시하기 때문에, 저녁이든 아침이든 한 번 회사에 들르는 것이 업무 효율을 증대시킨다고 생각한다. 이에 대해서는 나중에 다시 자세히 설명하겠다.

수면 부족으로 안색이 좋지 않다거나, 어두운 표정을 짓게 되면 고객에게 위화감을 줄 수 있다. 업무 효율을 올리면서 밝고 건강하게 고객을 방문하기 위한 내 최선의 방법은 '회사 근처에 거주'이다.

물론 회사가 어디에 있느냐에 따라 예산 때문에 근처에 살기 어려운 경우도 있고, '업무와 사생활은 확실히 구분하고 싶다'라는 사람도 있을 것이다.

애초에 임대 주택이 아닌 자가에 사는 사람이라면 이사 다니는 것 자체가 무리일지 모른다. 따라서 어디까지나 이사를 할 때 하나의 판단 기준으로 삼아보길 권한다.

'어프로치 파일'을 만든다①
— 성공률을 2배로 만드는 세 가지 도구

다음으로, 영업 효율을 극대화하기 위한 준비 작업에 대해 설명하겠다.

여기서부터 말할 내용은 **영업 사원 대부분이 놓치고 있는 부분이라 따라 하기만 해도 큰 차이를 벌릴 수 있다.**

거래처에 관련된 자료를 고객과 나 사이에 배치하여 전골처럼 함께 요리한다는 방식에 대해 '머리말'과 제2장에서 설명한 바 있다. 여기서는 그 자료를 만드는 법을 알아보겠다.

내가 영업 준비를 할 때 활용한 것은 직접 작성한 '어프로치 파일'이라는 자료였다. **이 자료는 ❶자신이 취급하는 상품에 대한 자**

료, ❷고객사가 소속된 업계에 관련된 자료, ❸개별 고객 자료 등, 3부로 구성되어 있다. '파일'이라고 이름을 붙였듯이, 이 페이지의 삽화처럼 인쇄하여 서류철로 만들어서 가지고 다녔다.

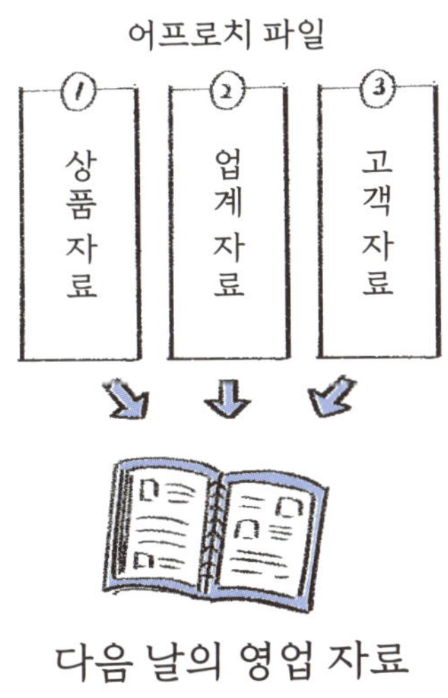

방문 영업 시에는 기본적으로 이처럼 인쇄하여 서류철로 만들어 이용하기를 권한다.

그 이유는 페이지를 빠르게 넘기고 함께 볼 내용을 찾을 수 있기 때문이다. 온라인 상담이라면 노트북 안에 정리하여 데이터로 보관하면 된다.

간략히 말하자면, 다음 날 방문 영업할 고객 한 건 한 건에 맞추어, 어프로치 파일의 ❶에서 면담할 때 필요할지 모르는 상품 관련 자료를, ❷에서 고객의 업계에 대한 자료, ❸에서 고객사에 대한 자료 등을 꺼내어 복사한 후, 면담 자료 세트로 정리해둔다. 이를 방문 전날에 준비하는 것이 일과였다.

'머리말'에서 설명했듯이, 자료는 여러분과 고객 사이에 배치하고, 형광펜으로 선을 그어가며 마치 전골 요리를 함께 먹는 것처럼 면담을 진행한다. 따라서 종이로 인쇄하고 고객별로 정리하는 건 기본이다.

태블릿을 이용하는 사람이라면 데이터를 거기에 넣어서 고객과의 사이에 배치하고 면담을 진행해도 될 것이다.

상품 샘플을 가져갈 경우에는 ❶번 자료에 맞추어 샘플을 준비하자.

이 방식을 취한다면, 하나의 방문처에 대략 준비 시간이 수 분~수십 분 정도 걸리므로, 만약 10군데 방문 예정이라면 2시간 정도로 만반의 준비를 마칠 수 있다.

보여줘도 되는 자료와 안 되는 자료를 구분한다

그럼 실제로 어프로치 파일을 만들어보자.

자료❶ 상품 자료

상품 관련 자료는 가장 만들기 쉽다.

기본적으로, **당신이 영업하려는 상품을 목록화하고 각각의 카탈로그나 소개 자료 등을 파일링**하면 끝이다. 노트북이나 태블릿에 종이로 된 카탈로그를 PDF 변환하여 파일로 서장하거나, 회사 홈페이지의 상품 페이지 링크를 붙여도 된다.

한 가지 내가 추천하는 추가 자료가 있는데, **그 상품에 대해 자주 나오는 질문이나 타사의 도입 사례, 고객의 의견** 등, 영업 현장에서 필요한 정보를 알기 쉽게 정리해둔다면 도움이 될 것이다.

상품의 강점을 어필하면서 불안과 의문을 해소할 정보를 한 곳에 모아두면, 언제든지 이를 활용할 수 있다. 제2장에서 소개한 캐치프레이즈('코끼리가 지나가도 멀쩡한 센서')도 여기 써두도록 하자.

영업 활동을 하면서 상품에 대해 새로운 질문을 받거나, 쓸만한

선전 문구를 찾았거나 하면, 잊지 말고 이 자료를 업데이트하여
추후 활용하도록 한다.

자료❷ 업계별 자료

업계별 자료는 해당 업계 쪽 고객을 처음 만날 때마다 새로 만
들어야 한다.

처음에는 상당히 큰일이지만, 다음에 동종 업계 고객을 만날 때
도 활용할 수 있으므로, 조금 힘들더라도 꼭 만들도록 하자.

업계 자료는 고객에게 보여줘도 되는 자료와 안 되는 자료가 함
께 있기 때문에, '상대방과 공유할 자료'와 '내 위치에 놓을 자료'를
구분하여야 한다.

우선 보여줘도 되는 자료부터 알아보자. 예컨대, **신문이나 보도
자료 등을 기초로 하여 각 업계의 주요 뉴스나 최근 경향** 등을 정리
한다. 이들은 업계 전반적인 움직임과 사례를 통해 세일즈 토크
를 하기 위한 자료이다. 단, 보도 자료를 인용할 경우 원칙적으로
저작권자의 허락이 필요하므로, 당신의 회사가 일본복제권센터
(JRRC) 등과 저작권 처리 계약을 체결했는지 확인해야 한다.

동종 업계 기업 순위나 대표 이사 인터뷰 등도 화제로 올리기

쉬운 재료이며, 업계 내 자사 제품의 도입 사례나 긍정적인 코멘트 등도 비밀 유지 의무에 위배되지 않는 것은 자료에 포함해도 된다.

다음은 보여주지 말아야 할 자료인데, 예컨대 자사 관련 기밀 정보가 그러하다.

동종 업계 내 자사 상품의 구체적인 시장 점유율이나 계약 사례 등이 이에 해당한다. 또한 거래처로부터 받은 대외비 자료처럼 타사의 기밀 또한 유출하면 안 된다.

여러분의 업계 관련 지식을 종합하여 직접 만든 분석 자료나 업계별 계약 성사 여부를 정리한 '성적표' 등도 외부에 쉽게 보여주지 못하는 중요한 자료이다.

❸개별 고객 자료

이 또한 고객에게 보여줘도 되는 자료와 그렇지 않은 자료로 나누어진다.

고객사의 회사 홈페이지에 게재된 정보나 IR자료, 신문이나 뉴스에 실린 보도 자료 등의 공개된 자료는 보여줘도 무방하다.

이러한 자료는 말하자면 고객과 고객사에 대한 애정 표현이다.

당신이 명함을 교환한 임직원의 리스트도 여기에 넣자. 당신의 회사에 예전에 그 기업을 담당했던 임직원이 있다면, 그들의 리스트도 넣으면 좋을 것이다.

반면, 거래처로부터 받은 대외비 자료나 고객사 조직도 등은 보여주면 안 된다.

특히, 전체적으로 세세하게 기재된 조직도를 보여주면 의심을 받을 수 있으므로, 만약 조직도를 보여주고자 한다면 보여줄 범위를 좁혀서 제한적으로만 보이게 하는 게 좋다.

일반적인 고객이라면 이만큼의 자료로도 충분하다. 회사별로 자료를 잘 준비했다면 그것만으로도 시간이 부족할 테니까.

그러나 중요한 고객이라면 훨씬 신경 써서 자료를 만들어야 한다. 이에 대해서는 다음 항목에서 설명하겠다.

'어프로치 파일'을 만든다②
— '바로 이때다'라는 타이밍을 포착하는 '사람 및 일정' 정보

어프로치 파일 중 '❸개별 고객 자료'는 그 고객의 중요도에 따라 담아야 할 내용이 완전히 다르다. 이에 대해, '고객은 전부 중요한 거지, 거기서 경중을 따지는 것인가'하고 반문할지도 모른다.

그렇다, 따져야 한다. 물론 직접 만났을 때의 태도를 다르게 한다는 얘기가 아니라, 영업 활동 측면에서 어떤 고객을 중시할지 정하는 것이 중요하다는 뜻이다.

당신이 하루에 가용한 시간은 한계가 있다.

주식 거래를 상상해보자. 한정된 자본을 갖고 어느 종목에 어느 타이밍으로 투자할지가 결과를 좌우한다. 일에서도 마찬가지다. 정해진 시간 안에, 어느 고객에 어느 타이밍으로 얼마나 할애할지가 일의 성공과 실패를 결정하는 것이다.

**중요하다고 판단되는 고객이라면 '❸개별 고객 자료'를 훨씬 신경
써서 만들어야 한다.**

첫 번째로 '사람' 정보를 더욱 충실하게 넣는다. 제2장에서 첫 방
문 영업 시에, 고객과 자신 사이에 노트를 펴고 상대방 회사의 조
직도를 함께 그려가는 기술을 설명한 바 있다.

큰 계약으로 이어질 가능성이 있는 회사라면, 이때 만든 조직도
를 더 자세하고 정확하게 만들어서, 각 담당자 이름을 채워가야
한다.

어느 부서가 어떤 일을 하는지, 결재 권한은 누가 갖고 있는지,
현장에서의 의사결정에 영향력을 행사하는 건 누구인지, '최종적
으로 판단하는 건 신정웅 부장', '신정웅 부장은 조성호 제조 주임
의 의견이라면 반대하지 않는다' 등, 면담을 통해 다양한 정보를
취재하여 조직도를 완성시키는 것이다.

두 번째는 '일정' 정보이다. 상품은 팔리는 타이밍과 아무리 노력

해도 안 팔리는 타이밍이란 것이 존재한다. 예를 들어, 복사기를 바꾼 지 얼마 안 된 부서에 복사기 영업을 하면 성공할 리가 없고, 회계 시스템을 개선한 기업에 회계 소프트웨어를 영업해봤자 무의미하다.

상대방의 수요에 대해 항상 촉각을 곤두세우고, 예산 범위 및 일정을 파악하여, '바로 이때다'라는 타이밍을 찾아내는 것이다.

고객 자신도 자각하지 못한 문제, 그 해결에 소요되는 예산, 회사가 움직일 수 있는 타이밍, 의사결정 프로세스, 예산 계획 시점 등, 고객보다도 여러분이 그 회사에 대해 잘 알고 있다면 이상적이라 하겠다.

거래처의 달력을 보면 힌트가 가득

이런 다양한 정보는 비단 고객으로부터만 알아낼 수 있는 것이 아니다.

예를 들어, 영업차 방문한 회사에서 다른 회사의 영업 담당자와 마주친 경험이 있지 않은가?

사실 그때가 큰 기회이기도 하다. "종종 마주치네요"라면서 먼저 명함을 내밀고 정보 교환을 요청해보자. 물론 당신과 완전히 동종 업계의 영업 담당자라면 어려울 수 있지만, 그렇지 않다면 의외로 유익한 정보를 가르쳐줄지도 모른다. 나 또한 예전에 거래 처에 출입하던 상사 등의 담당자로부터 좋은 정보를 받은 적이 여러 번 있다.

사무실이나 공장에 걸려있는 달력 또한 중요한 힌트를 보여준다.

중요한 회의 일정 등이 써 있을 수도 있고, 애초에 거래처에서 받은 달력을 걸어놓는 경우도 많기 때문에 달력을 보는 것만으로도 어떤 회사와 거래 중인지 특정할 수 있다.

이처럼 중요한 거래처라면 '사람'과 '일정' 정보를 알아내어, 어프로치 파일을 더 충실하게 만들도록 하자.

그리고 계약의 성사에 핵심 역할을 하는 인물에게 최적의 타이밍에 접근한다면, 큰 성과를 얻을 뿐만 아니라, "당신 덕택에 문제를 해결할 수 있었어요"라는 감사 인사와 좋은 평가도 받을 수 있을 것이다.

**기본기
9**

핵심 인물의 참모가 되어라
— '바쁘면 돌아가라' 정신으로 상대방의 수요를 충족시키자

핵심 인물이 누군지 파악했다면, 그 인물과의 관계를 돈독히 하는 것이 중요하다.

핵심 인물의 신뢰를 얻으면, 발주를 받기도 수월해지며, 제안 시점을 알려주기도 하며, 다른 부서의 정보까지 가르쳐주는 등, 여러 면에서 장점이 많다.

거기다 그런 타입은 **회사에서도 출세하는 경우가 많다.** 즉, 가까운 장래에 더 높은 지위에 올라 사내에서의 영향력도 강해질 수 있다.

고객과의 관계를 돈독히 만드는 방법을 논할 때, 함께 술을 마시는 '음주 커뮤니케이션'을 떠올리는 사람이 많다. 하지만 나는 술이 센 사람도 아닐뿐더러, **키엔스라는 회사가 기본적으로 술자리에서의 접대를 장려하지 않기 때문에, 술 접대는 한 번도 해본 적이 없다.**

대신 나는 '고객의 참모가 되는' 전략을 구사했다.

영업의 핵심 인물은 회사 내의 일에도 적극적으로 임하는 경우가 많다. 계약과 직접적인 관련이 없더라도, 예컨대 사내 업무 환경 개선 아이디어를 모집 중이고 그 핵심 인물이 '좋은 아이디어 없나'하고 두리번거리고 있다면, 당신의 차례다.

어프로치 파일에 축적되어 있는 타사의 업무 개선 사례를 참고하여, 신상품을 활용한 업무 효율화 아이디어 등을 제안하면, 핵심 인물이 이를 사내에서 발표하고 또한 당신에게도 감사를 표할 것이다.

어프로치 파일에 있는 업계 및 고객 정보 중에, 알려줘도 문제가 되지 않는 범위 내에서 유익한 정보를 제공한다면, 상대방으로부터의 신뢰는 더욱 공고해진다.

속담에 '급할수록 돌아가라'라는 말이 있다. **핵심 인물과의 관계에서는 계약에 직접 이어질지 아닐지는 그다음 문제이며, 상대방의 수요를 먼저 충족시켜주어야 한다. '곤란할 때 도와주는 사람'이 되는 것이다.**

물론, 이 또한 정도 문제로, 당신에게 있어 그 인물이 정말 중요하고 힘이 되어줄 만한 가치가 있는지에 대해서 항상 평가해보고 판단해야 한다는 것을 유념하자.

상사 역시 '핵심 인물'이라고 생각하라

— '가장 큰 고객'은 사내에 있다

지금까지 사외 인물과의 관계에 대해서 다루어왔으나, 사내에도 매우 중요한 핵심 인물이 있다는 것을 잊으면 안 된다. 바로 **여러분의 상사다.**

어떤 거래처와의 관계가 원만하지 않다면, 마음을 다잡고 다른 거래처와의 계약을 목표로 다시 힘내면 된다.

한편, 상사와의 관계는 상사와 나, 누군가 이동하지 않는 한, 이어질 수밖에 없다.

하물며 규모가 큰 회사일수록 상층부에서는 사원 하나하나를 자세히 들여다보기 어려우므로, 당신에 대한 평가는 직속 상사가 내리는 판단에 크게 좌우되기 마련이다.

**사내에서 좋은 평가를 받으려면, 자신의 실적을 올리는 것은 물론,
필수적으로 상사에게 '사랑받아야' 한다.**

잘난 척 이렇게 말하는 나 역시, 초창기에는 상사에게 할 말 안
할 말 다 하고, 무의미하다고 생각되는 지시는 따르지 않고, 영업
실적을 최대한 올리는 것만 생각하는 건방진 부하였다.

지금 생각해보면 마음 어딘가에서 '상사가 사내에서 좋은 평가
를 받고 있는 건 내 덕분이야'라거나, '내가 영업 성적으로 전사 일
등이니까 회사 또한 나를 더 잘 대우해야 해'라고 교만하게 여긴
것 같다. 그땐 생각이 너무 얕았다고 지금 반성하고 있다.

유감스럽지만, 키엔스뿐만 아니라 어떤 직장에서든, 당신이 영
업 일등을 했거나 에이스 역할을 하더라도 상사의 마음에 들지 않
으면 가볍게 좌천되거나 정당한 평가를 받지 못할 가능성이 있다.
그렇다고 아첨하거나 비위를 맞출 필요까지는 없지만, 리스크는
웬만하면 회피하는 것이 좋다.

모난 돌이 정 맞지 않도록, 상사를 알차게 활용하자

마음에 들지 않는 상사라도 당신한테는 중요한 핵심 인물이다. 그렇게 생각한다면 해야 할 일은 명확하다. **지금까지 설명한 사랑받는 기술을 전부 활용하여 상사의 사랑을 듬뿍 받으면 된다.**

인사도 상사보다 정중하게 하고,

상사가 자리에 앉고 나서 자기 자리에 앉으며,

눈높이를 조정하여 상사를 내려다보지 않도록 한다.

대화할 때는 미소를 짓고,

위화감을 주지 않으며,

일방통행이 되지 않게 주의한다.

상사의 '무용담'은 청하여 듣도록 하자.

자신과 상사 사이에 자료를 놓고 이야기하며,

메일 연락은 곧장 회신한다.

지시받은 업무는 숙제로 남기지 말고 바로 착수하여 제출한다.

참모로서 상사의 업무를 돕자.

고객과는 달리 상사는 별도의 방문 약속을 잡지 않아도 계속 얼굴을 마주치게 되므로, 사랑받는 기술도 얼마든지 구사할 기회가 많이 있다. 상사와의 관계를 '인간관계'로 바라보면 고난의 길이 될 수 있지만, '사랑받는 기술을 써서 공략해야 할 대상'이라고 간주하면 그저 수많은 업무 중 하나에 지나지 않는다.

마지막으로 상사에게 사랑받을 수 있는 비장의 기술을 하나 더 소개한다.

당신이 공적을 상사에게 양보하자.

일이 잘 풀렸다면 "○○ 과장님 덕분에 계약을 따냈습니다"라고 주위에 말하고, 보고서 등에도 '○○ 과장의 적절한 지도로 인해…' 등의 문장을 넣는 것이다. 상사의 부하 육성 계획 수립을 돕고 육성 과정도 함께 하면서 팀을 좋은 분위기로 이끌어 가면 상사의 사내에서의 평가를 향상시킬 수 있다.

다른 부서나 더 윗선을 만날 일이 있을 때는 '나 혼자서도 충분히 가능한데' 하는 마음은 접고, 상사와 함께 임하도록 하자.

획기적인 기획을 제안할 때도 먼저 상사에게 설명하고 제안자

 최강의 일하는 방식 **키엔스**

에 이름을 넣어, 기획 추진을 후원하도록 만들면 힘이 되어줄 것이다.

이러한 일들은 단순히 상사의 '기분을 좋게 만들어 주는' 효과만 있는 것이 아니다.

회사라는 조직에서는 이른바 '보고 체계'를 무시하고 부하가 독주하기보다, 직제를 활용하고 순서를 차근차근 밟아야 일이 원활하게 진행되며, 결과적으로 여러분 자신에 대한 인사 평가도 좋아진다. 아무리 우수한 인재일지라도, '모난 돌이 정 맞는다' 격이 될 수 있는 곳이 회사다.

상사를 기쁘게 함과 동시에, 상사를 마음껏 이용하여 자신이 의도하는 방향으로 끌고 가는 것이다.

요컨대, 상사를 당신의 손바닥 위에서 춤추게 만드는 것이 이상적인 회사원의 형태라 하겠다.

제4장

부하와 자신이 함께 성장하는 최고의 매니지먼트

최대의 성과를 올리는 사람의

'재현성'

기본기
10

'의지할게'와 '맡길게'를 구사하여
효율화를 꾀한다
— 키엔스식 플레잉 코치의 업무 기술

제3장까지 설명한 기본기, 사랑받는 기술을 제대로 구사하기만 해도, 틀림없이 회사에서 주목받는 인재로 떠올라 관리직으로 승진할 날도 머지않아 찾아올 것이다.

혹은 이미 관리직으로서 부하와의 관계로 고민 중인 사람도 있을지 모른다.

이 장에서는 부하로부터 사랑받고 팀 전체의 실적을 향상시켜, 상사로서 타의 추종을 불허하는 평가를 받을 수 있게 만들어 주는 기본기와 사랑받는 기술을 전수하겠다.

관리직은 기본적으로 두 부류가 있는데, 하나는 관리에만 전념하는 타입이며, 또 하나는 자신도 개인 실적을 올리면서 부하의 지도 감독도 병행하는 플레잉 코치 타입이다.

키엔스에서는 소수의 상위 관리직 외에는 모두 기본적으로 플레잉 코치로 활동한다.

내가 강연 등의 활동을 한 기업들 또한, 관리에만 전념할 수 있는 환경에 있는 사람은 매우 적었기 때문에, 여기서도 우선 플레잉 코치를 염두에 두고 이야기를 진행하도록 하겠다.

개인 실적도 챙기면서 부하를 위한 시간도 마련하는 방법

나는 매니지먼트 업무를 한마디로 정의하면 '부하를 성공으로 이끄는 역할'이라 생각한다. 이를 위한 다양한 기술을 이제부터 설명할 예정이나, 문제는 '플레잉' 부분이다.

당신이 업무에 할애할 수 있는 시간은 정해져 있으므로, 부하를 위한 시간을 쪼개려면 자신의 업무 시간을 줄일 수밖에 없다.

그런데 키엔스의 경우, **직속 부하를 가진 상사로서의 업무도 평가 대상이며, 동시에 자신의 실적 또한 지금까지와 마찬가지로 평가**

대상이다. 즉, '자신의 퍼포먼스를 잃지 않으면서 부하도 성공으로 이끌 수 있는' 상사가 되어야 한다.

상당한 난제라고 생각되지만, 안심해도 된다. 언뜻 모순되어 보이는 이 과제는 크게 두 가지 방법을 통해 해결할 수 있다.

1. 철저하게 업무 효율화를 진행한다

제3장에서 설명한 내용을 실천하여 업무의 효율화를 추진한다.

영업을 보조하는 부서와 긴밀히 연계하여, '숙제'를 남기지 않도록 하며, 단어 등록을 활용하여 짧은 시간 만에 메일을 작성한다. 그리고 어프로치 파일을 만들고 개선, 보완하여 다음 날의 외근 준비를 하는 것이다. 이러한 사랑받는 기술을 제대로 구사하면, 자신의 업무를 하는 데 들어가는 시간을 압축하고 부하를 위한 시간을 확보할 수 있다.

2. 업무의 재현성을 높인다

또 하나는, 지금까지 설명한 사랑받는 기술과 여러분 자신의 경험을 활용하여 업무의 각 단계별로 재현성을 높이는 것이다.

 최강의 일하는 방식 **키엔스**

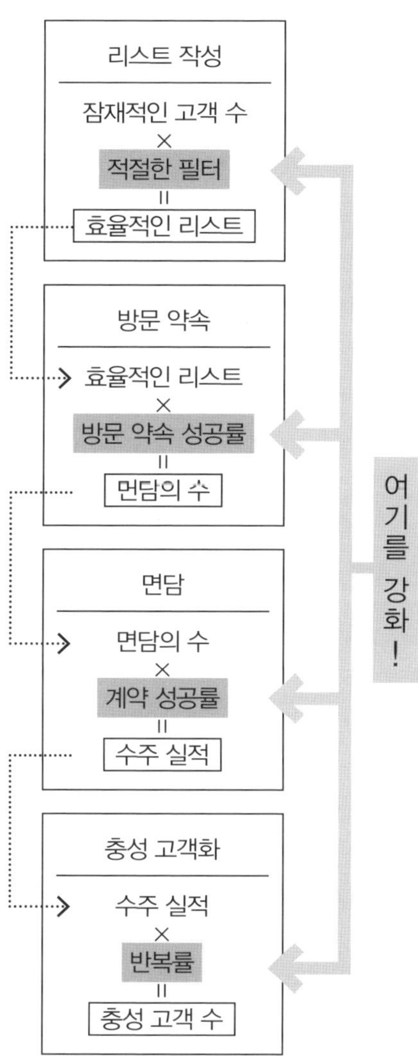

리스트 작성
잠재적인 고객 수
×
적절한 필터
=
효율적인 리스트
방문 약속
효율적인 리스트
×
방문 약속 성공률
=
면담의 수
면담
면담의 수
×
계약 성공률
=
수주 실적
충성 고객화
수주 실적
×
반복률
=
충성 고객 수
여기를 강화!

영업을 예로 들자면, 방문 약속 전화를 걸기 전에 전화할 대상을 명확히 추려내고 거래처 후보를 엄선하여 효율적인 리스트를 만들어야 한다.

현재 수요가 왕성히 존재하고 수주로 이어질 가능성이 높은 업종 혹은 부서가 어디인지, 여러분이 과제 해결에 도움을 줄 수 있다고 한다면 그건 어떤 상품을 이용하는 고객인지, 경쟁사 상품을 많이 도입한 고객은 누구인지 등, 여러분이 지금까지 갈고 닦은 감정 능력을 시험할 때다.

전화를 걸 때는 지금까지의 경험을 살린 언변으로 면담 가능성을 높이도록 하자. 그러면 전화를 많이 걸지 않아도 방문 약속을 노렸던 만큼은 잡을 수 있을 것이다.

그리고 예전에 반응이 좋았던 면담 내용을 떠올려서 계약 성공률을 높인다면 면담의 수를 늘리지 않아도 전보다 많은 실적을 올릴 수 있을 것이다.

또한 과거에 한 번 수주 성공한 상대방을 적절히 사후 관리했다면, 다시 추가 계약을 체결해줄 수도 있다.

해야 할 일은 기본적으로 똑같다. 그러나 각각의 단계에서 더욱 높은 수준의 업무 능력을 보인다면, 제한된 시간 속에서도 많은 실적

을 올릴 수 있을 것이다.

'과거 회상'을 하고 있는가?

창의력이 필요한 업종이든, 사무 업무 위주의 업종이든, 사고방식은 동일하다.

예전에 했던 업무를 돌아보고, '어떻게 성공했는지', '잘 팔린 이유가 무엇인지', '왜 실패했는지' 등을 세세하게 분석하여 비슷한 사례에서 재현할 방법을 고찰하는 것이다.

부하를 위한 시간을 마련하는 노력을 통해, 여러분 자신의 업무가 더 세련되고 고차원적으로 진화될 수 있다. 좋은 매니저가 되려고 힘쓴 것이 결과적으로 플레이어로서의 여러분도 성장시키는 것이다.

그러므로 '의지할게'와 '맡길게'를 활용하여 자신의 업무를 효율화하고, 재현성을 높이기 위한 노력을 게을리하지 말자.

중간 관리직이 되어 맨 처음 해야 할 일은 과거를 돌아보는 것이다. 효과적인 회상 방법은 이후 설명하겠다.

'부하를 위해서'는 결과적으로 '자신을 위해서'
— 기술을 정리하여 재현성을 높인다

앞에서 상사로서의 업무와 자신의 업무를 양립하는 방법을 설명하였는데, 사실 **상사로서의 업무는 자신의 성장을 위한 기회이기도 하다.**

나는 키엔스 재직 중에, 전사 영업 실적 1위를 총 5번 차지한 적 있는데, 그중에 3년 연속으로 제패한 마지막 햇수에, 후배와 동료에게 내 기술과 경험을 전수하는데 힘을 기울였다. 그 계기가 무엇이었을까.

키엔스는 개인의 실적에 대해 표창은 하지만 급여에는 반영해주지 않는다.

급여는 어디까지나 회사 전체의 실적과 임직원 수에 연동되므로, 내가 엄청난 노력으로 전사 영업 1위를 차지한 어느 해에는 회사의 1인당 실적이 오히려 떨어져서 급여가 전년보다 줄어들기도 했다.

그 결과, 나는 다음과 같이 생각하게 되었다.

'내가 아무리 혼자 실적을 올려봤자 급여는 오르지 않는다. 나의 경험과 기술을 전수해서 다른 사람들도 영업을 잘하도록 만들어야 한다.'

그리고 누군가의 도움이 된다면 기쁠 것이라는 동기도 강했다.

자신의 경험을 자료로 정리하다가 깨우친 점

그 무렵에 나는 정확히 10년의 영업 경력을 쌓았고, 전사 1위 실적에 빛나며 '영업 사원의 업무는 뭐든지 할 수 있게 되었다'라고 생각했다.

그러나 후배와 동료에게 나의 기술을 전수하기 위해 자료를 만들던 중에 다음과 같이 여러 가지 부족한 점을 깨우치게 되었다.

'여기는 근거가 애매하네'

'이 부분은 일관성이 부족한 것 같아'

상품별 제안법과 거래처별 상세 공략법, '상대방이 이렇게 나오면, 이렇게 받아치자' 등의 대응 방법을 정리한 흐름표 등, 전수할 내용을 알기 쉽게 자료로 만드는 사이에 내 경험과 기술을 정리할 수 있었고, 각 기술의 재현성을 높일 수 있었다.

'후배나 부하, 동료에게 전수한다'라는 작업을 통해, 이 책에서 설명하고 있는 사랑받는 기술을 더욱 연마할 수 있었기 때문에, 전인미답의 전사 영업 실적 1위 3연속 제패라는 결과를 남기게 된 것이다.

부하와 후배의 지도는 분명 큰 부담이지만, 틀림없이 자기 자신도 더욱 성장시켜 준다. 여러분이 만약 상사라는 역할이 아니더라도, 모쪼록 주위 사람들에게 여러분의 경험과 기술을 전수해주기를 권한다.

부하 지도

기본기
11

'○○ 씨 호칭'과
'○○입니다, ○○합니다'를 철저히
— 상사가 부하보다 잘난 것이 아니다

이제 부하 직원을 대하는 법에 대해 알아보자.

우선 기본 중의 기본은 **부하와 말할 때 반드시 이름 뒤에 '씨'를 붙이며, 끝맺을 때는 '입니다', '합니다'로 끝내도록 한다.**

부하와 관계가 돈독해지면 자기도 모르게 "○○야, 그 건은 어떻게 됐어?"하고 친근하게 말을 걸기 일쑤지만, 이는 좋지 않다. 당신은 친근하게 생각해서 그렇게 표현했을지 모르지만, 상대방은 정중한 말투를 사용해야 하므로, 결과적으로 '내가 위, 너는 아래'식의 상하 관계를 고착화하게 된다.

‘반말은 사이가 좋다는 증거’라 생각하는 것은 상사뿐이다.

물론 ‘상(上)’사와 부‘하(下)’이니 입장상으로 위아래[上下]는 존재하지만, 어디까지나 업무를 할 때의 역할 차이일 따름이다.

투수와 포수, 공격수와 골키퍼 중 누가 더 ‘대단한가’라는 질문이 의미 없는 것처럼, 상사가 부하보다 더 잘났다고 할 수 없다.

키엔스에서는 사장님에게도 ‘○○ 씨’

상하 관계가 고착화하면 어떤 문제가 발생할까.

예컨대, 부하 직원에게 고민이 있거나 문제를 떠안고 있을 때, 당신에게 상담하기를 꺼리게 된다. 게다가 부하나 후배가 개선 제안 등을 말하는 것도 주저하게 된다.

부하의 고민이나 걱정을 파악하는 것이 늦어지면, 결과적으로 거래처와의 문제가 생기거나 부하가 퇴직하는 등 돌이킬 수 없는 사태를 불러올 수도 있다.

또, 당신의 지시를 ‘반대할 수 없는 절대적인 명령’으로 받아들이게 되어, 팀 내의 자유로운 토론 분위기 형성이 저해된다. 이쯤 되면 거의 직장 내 갑질 수준이라 해도 과언이 아닐 것이다.

단지 말투일 뿐인데 하고 가볍게 생각할지도 모르나, 사실 말투야말로 부하와의 인간관계를 결정하는 첫 한 걸음이라 할 수 있다. 모쪼록 그 점을 잊지 말고, '○○ 씨'와 '입니다, 합니다'를 사용하도록 하자.

덧붙여 말하자면, 키엔스에서는 상대방이 사장이든 상무든, 직급으로 부르지 않으며 모두 '○○ 씨'라고 부르는 것이 사규로 정해져 있다.

상대방이 사장이라고는 하지만, 만약 서로 직급으로 부른다면 '사장님'과 '과장님', 이런 식으로 상하 관계가 고착화될 것이다.

연공서열이 회사의 대원칙이었던 70~90년대와는 달리, 지금은 선배가 여러분의 부하가 되기도 하고, 반대로 후배나 동기가 여러분의 상사가 되기도 한다. 그런 경우라도 예전부터 '○○ 씨'와 '입니다, 합니다'라는 표현을 일상적으로 사용해 왔다면, '소통하기가 어렵다'라는 고민은 생기지 않을 것이다.

물론 직장을 벗어나 회식이나 술자리에서는 자기도 모르게 스스럼없는 말투가 나올 수 있다고 생각한다.

원래 사이가 좋았던 동기끼리면 회사 밖에서도 '반말'로 말하는 것이 당연할 수 있다. 다만, 그 관계를 직장 내로 가져오지 않도록 한다.

일단 회사 안으로 들어왔다면, 아무리 사이가 좋다고 해도 '○○ 씨'를 붙이고, '입니다, 합니다'로 대화하도록 하자.

부하에게 동기 부여하는 '마법의 표현'
— '거절당한 이유는 상대방이 부끄러워서 그래요'

결과를 내지 못해 고민하는 부하에게 당신은 어떻게 말을 걸 것인가? 부하 직원이 새로 왔다면 동기 부여를 해줘야 하는 상황이 응당 생기기 마련이다.

그럴 때는 부하에게 **'일은 게임이다'**라는 마음가짐을 전하도록 하자.

"일은 게임이랑 똑같아. 성공하면 기쁜 거고, 실패하더라도 죽지 않을뿐더러 다치지도 않지"

부하가 그런 식으로 생각하도록 유도하면, 당장 결과가 나오지 않았더라도 '연습하고 대책을 마련해서, 새로운 스테이지를 클리어할 수 있게 되자'라고 마음을 다잡을 수 있다.

아무리 달인일지라도 거절당하는 경우가 더 많은 것이 영업이다. 젊은 신입 사원이면 더욱 그렇다. 그러므로 '거절당했다'라며 좌절할 필요가 전혀 없다.

오히려 **'거절당하는 상황'에 익숙해져야만 한다.** 한 영업처에서 거절당했더라도 다른 영업처로 선회하면 되고, 한 번 거절당한 상대에게 다시 면담을 요청해도 된다.

나는 부하에게 "거절당하는 건 인사 같은 겁니다." 혹은 "분명 상대방이 부끄러워서 그랬을 겁니다"라고 말하곤 했다.

실패하는 사람일수록 성공할 수 있는 이유

거절당해도 신경 쓰지 말고, 오히려 긍정적으로 생각하도록 하자. 100번, 500번, 1,000번, 3,000번 거절당하면, '왜 실패하는지'라는 법칙을 배울 수 있다.

반대로 생각하면, 성공의 가능성을 높일 수 있는 것이다.

부하에게 한 번 실패하면 실패의 법칙을 하나 배울 수 있다고 말하면, 낙담한 마음도 추스를 수 있고 동기 부여도 유지된다. '무조건 계약 따와야지'라는 마음가짐으로 면담에 임하면 거절당했을 때의 충격이 클 뿐 아니라, 고객에게 묘한 압박감을 느끼게 만들 수도 있다. '거절당하는 건 기본, 하지만 잘될 수 있도록 최대한 노력한다'라는 마음가짐으로 가능한 한 많은 고객에게 영업하는 것이 이상적이다.

자신이 담당하는 자사 상품에 대해 자세히 알고, 진심으로 좋아하게 되면 동기 부여에도 도움이 된다. 자기가 팔고자 하는 상품이 '이 세상에 필요한 물건'이라고 생각하는 것과 '사실 불필요한 물건'이라고 생각하는 것은, 고객에게 권유할 때의 열정이 완전히 다를 것이다.

자사 상품의 팬이 되어, 진심으로 고객에게 추천하고 싶다고 생각하면, 수주에 성공했을 때의 기쁨이 몇 배나 커지고, 실패했더라도 '다음엔 어떻게 상품의 매력을 전할 수 있을까'하고 고민하게 된다. 또한 거절당한 충격(혹은 심리적 타격)을 몇 분의 일로 줄일 수 있다.

'운이 좋다'고 믿게 만든다
— 부하의 의욕을 돋우는 '마법의 말 한마디'

일이 잘 안 풀릴 때는 자기 자신에게 '나는 운이 좋아'라고 말하라고 서장에서 권한 바 있다.

"나는 행운아야"라고 스스로 타이르고 '운이 좋다'고 믿는다면 결과에 상관없이 긍정적인 마음으로 다음 단계로 나아갈 수 있다.

이 사고방식은 매우 효과적이므로, 부하 직원에게도 틈나는 대로 "○○ 씨는 운이 좋은 겁니다"라고 말해주도록 하자.

부하가 결과를 내지 못하고 괴로워하고 있다면 이렇게 말하는 것이다.

"○○ **씨는 운이 좋네요.** 아직 성장의 여지가 많이 남아있다는 뜻이니까요.”

그리고 거래처 면담에서 실수를 해서 낙담해 있다면 이렇게 얘기해 준다.

“**운이 좋군요.** 이 부분을 개선하면 된다는 걸 알게 됐으니까요.”

경험이 많지 않을 때는 고객의 클레임으로 마음에 상처를 입기 일쑤다.

그럴 땐 다음과 같이 말하자.

“**운이 좋아요.** 클레임이 들어온다는 건 우리 상품을 진지하게 고려하고 있다는 증거거든요.”

오히려 기회로 삼아 부하와 함께 대처하는 것이다.

클레임의 원인을 제대로 규명하고, 만약 당신의 회사에 잘못이 있었다면 사과하면서 해결책을 제안한다. 이를 계기로 고객과의 신뢰 관계를 더 두터이 만들고 더욱 큰 계약으로 이어질 수도 있으므로, 정말로 운이 좋았기 때문에 클레임이 들어왔다고도 말할 수 있겠다.

사실 가장 무서운 것은 클레임 없이 계약 종료되어 경쟁사와 경합해야 하는 상황이다.

'최후의 1분'까지 포기하지 않는다

'나는 행운아야'라고 믿으면 실제로 행운을 부르는 효과가 있다. 조금 수상쩍게 들릴 수도 있지만, 다음 설명을 참고 바란다.

예컨대 목표를 달성하지 못한 채 기한이 3일 남짓 남았다면, 대부분은 "이제 사흘밖에 없네. 무리야, 다음 달에 힘내자"라며 포기할지도 모른다.

하지만 '나는 행운아야'라고 생각하는 사람은 어떨까?

"아직 3일이나 남았네. 나는 운이 좋으니까, 마지막 순간에 큰 건 하나 따낼 수 있을 거야."

그렇게 생각한다면, 마지막 1일, 아니 마지막 1분까지 온 힘을 다할 수 있을 것이다. 실제로 나 또한 마지막 날에 매출 목표를 달성한 적이 몇 번이나 있다.

　행운은 단지 기다리면서 아무것도 하지 않으면 결코 찾아오지 않는다.

　'나는 행운아야'라고 믿는다면, 그것이 마지막 순간까지 노력할 수 있는 원동력이 되며, 결과적으로 행운을 불러오는 것이다.

　괜찮다, 억지로 무리해서 믿으려 하지 않더라도, 당신과 부하 직원 모두 틀림없이 행운아들이다. 왜냐면 당신은 이 책과 만났고, 부하 직원들은 그런 당신과 만났으니까!

기본기
12

게임화하고 게임 안에서 경쟁한다
— '시각화'하는 것뿐만 아니라,
'달성에 이르는 과정'을 함께 생각한다

일을 게임이라 생각하고 동기 부여를 유지한다는 마음가짐은 키엔스의 인사 평가 구조에도 도입되어 있다.

키엔스는 모든 임직원의 영업 실적을 수치화하므로, 자기가 전사에서 몇 번째인지, 지역에서 몇 번째인지, 팀에서 몇 번째인지 전부 알 수 있다.

그야말로 게임을 하는 듯한 느낌이라, 나 또한 '무조건 전국 1등을 차지하겠어'라며 영업에 박차를 가하곤 했다.

여러분의 회사에 이런 시스템이 없다면, 모쪼록 팀 내에서라도 목표를 공유하면서 팀원끼리 실적으로 경쟁하는 환경을 정비하길 바란다. 단, 요즘은 사내 갑질이나 개인에 대한 배려 등 민감한 부분이 많으므로, 계약 수주 건수를 표로 만들어 벽에 붙인다거나 하는 방식은 '실적이 안 좋은 사람에 대한 배려가 부족하다'라는 비판을 받을 수 있다.

부하들이 원하면 상사가 이를 게시하는 등, 팀원이 각자 자신의 실적과 팀 내 순위를 언제든 확인할 수 있는 구조를 수립하는 것이 최근의 표준이라 생각한다.

부하에게 맡기기만 해서는 안 된다

실적을 눈에 보이도록 만들어 경쟁을 촉진하면, 동기 부여를 할 수 있을뿐더러, 부하에게 사랑받는 기술을 지도할 계기가 될 수 있다.

나는 실적이 낮은 부하가 있을 때, 반나절 혹은 하루 내내 그 부하와 함께 다니면서 '어떤 부분이 부족한지' 파악하면서 필요한 기술을 전수하였다. 내 일정이 꽉 차서 반나절이나 하루처럼 오랜 시간을 내기 어려울 때는 반대로 부하를 내 일정에 동행시키기도 했다.

물론 사랑받는 기술을 전수하는 상대는 실적이 하위권인 부하뿐만이 아니다.

중위권이라면 상위권을, 상위권이라면 1등을, 1등이라면 앞으로도 이를 유지할 수 있도록, 모두에게 지도했다. 실적을 가시화하면 언제나 성장을 의식할 수밖에 없으므로, '어떻게 하면 더 성장할 수 있을지'에 대해 함께 토론하는 장을 만들 수도 있다.

다음 항목에서 자세히 설명하겠지만, 목표는 단지 최종 실적뿐만 아니라, 과정까지도 자세하게 설정하는 식으로 하여, '성장을 위해 개선해야 할 점은 무엇인가'에 대해 스스로 생각해보는 것 또한 중요하다.

부하들이 각자 무엇을 해야 할지 자각했다면, 이를 위해 필요한 사랑받는 기술을 전수하는 것이다. 상명하달로 일방적으로 가르치거나 자유방임으로 부하에게 맡기기만 하지 말고, 목표를 공유하고 "함께 힘내서 해보자"라고 격려하자.

목표는 과정 속에 세분화한다
— 작은 성공 체험을 매일, 매월 쌓아간다

회사는 대체로 부서별로 목표 실적을 설정한다.

일반적으로는 매출이나 영업이익 등이 대상이 되며, 영업 부서는 이 수치를 사람 수로 나누어 1인당 최종 목표 또는 할당량의 기준으로 삼는다.

예컨대, '1개월 만에 매출 1억 원' 같은 형태이다.

단, '1개월 만에 1억 원 판매한다'라는 목표는 명확한 것처럼 보여도 실제로는 상당히 막연하다.

극단적으로 말하자면, 한 달 내내 놀고 마지막 날 1억 원 규모 계약을 따내면 목표 달성이고, 연일 노력했더라도 운 나쁘게 계약을 못 따냈다면 헛수고로 끝나는 것이다.

그렇게 지나치게 운에 의존하여 평가가 이루어지지 않도록, 키엔스에서는 최종 실적뿐만 아니라, 그에 이르는 과정을 세분화하여 개별 과정도 평가하는 인사 제도를 채용하고 있다.

예를 들어, 최종 목표가 1억 원 매출 달성이라면 어떨까.

- 목표 달성을 위해 몇 건 정도 견적 제출을 해야 하는가
  =견적 건수
- 목표 달성을 위해 몇 건 정도 방문 영업을 해야 하는가
  =방문 영업 건수
- 상기 방문 영업 건수를 달성하려면 영업 전화를 몇 건 해야 하는가**=영업 전화 건수**

이처럼 중간 과정에도 각각 정량 목표가 있으며, 이를 달성했는지 여부 또한 평가 대상이다(실제로는 훨씬 세분화한 평가 기준이 설정되어 있다).

다음의 그림을 참고하자.

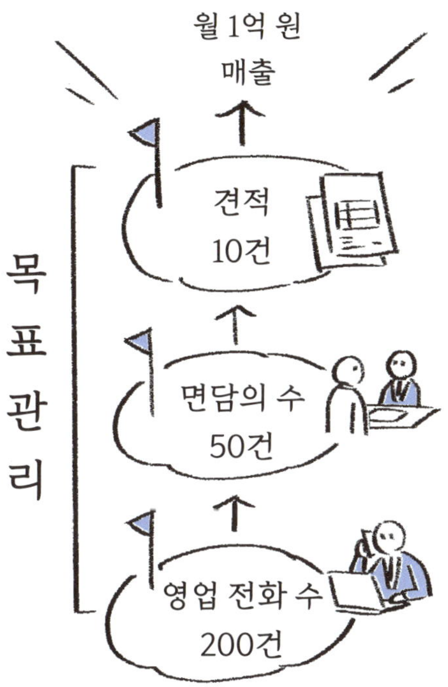

만약 매출 목표를 달성했더라도 면담 건수와 영업 전화 건수의 목표를 달성하지 못했다면, 인사 평가에서 낮은 점수를 받게 된다. 반대로, 매출은 운 나쁘게도 0이었지만 다른 과정에서 전부 목표를 달성했다면 어느 정도 괜찮은 평가를 받을 수 있다.

이처럼 과정을 세분화하여 목표치를 설정하면, **부하의 행동을 세세하게 파악할 수 있으며, 빠른 타이밍에 보완이나 개선이 필요한 부분을 지도할 수 있다.**

예컨대, 한 달 중 절반이 지나갈 시점에, 부하가 영업 전화 목표 중 1할밖에 달성하지 못한 것을 알았다면, 이를 만회하기는 매우 어려울 것이다. 그래서 키엔스에서는 상사가 부하의 목표 달성 진척도를 적어도 하루에 한 번, 가능하면 반나절에 한 번 확인하도록 하고 있다.

그렇게 진행 상황을 매일 공유하면 다음의 대화처럼 부하에게 필요한 조언을 적시에 해줄 수 있게 된다.

"○○ 씨, 영업 전화 건수가 목표에 미치지 못하는 것 같은데, 오늘은 좀 영업 전화에 신경 쓰는 게 좋겠어요."

"XX 씨, 견적 건수가 지금 목표보다 적은 것 같은데, 방문

영업에서 뭔가 곤란한 부분이라도 있나요?"

만약, 이때 부하로부터, "A사의 김호중 씨가 얘기는 잘 들어주는데, 좀처럼 견적까지 진행이 안 돼서요…."

이와 같은 상담을 받았다면, 당신이 김호중 씨 역할을 맡아 가상으로 면담을 진행해보고, 다음 면담에서 부하가 어떻게 행동하면 좋을지 함께 생각해볼 수 있을 것이다.

당신과 부하가 둘 다 내근하는 날이라면, 부하가 방문 영업 전화를 걸 때 통화 내용을 들어본 다음, "지금 전화 말인데, 이런 식으로 조금 다르게 말해본다면 면담 약속을 잡기가 더 수월할 거예요"라고 조언해줄 수도 있다.

과정마다 세부적인 목표를 설정하면 부하의 성장에도 크게 영향을 줄 수 있다. 지금까지 월 200만 원 정도밖에 매출 실적이 없던 부하에게 갑자기 '월 1억 원 팔아보자'라고 하면 어디서부터 손을 대야 할지 짐작도 가지 않아 우왕좌왕하게 된다.

하지만 **과정 목표가 정해져 있다면, 어느 정도 감이 잡히고 짐작 가는 구석도 생길 것이다.**

함께 이야기해보고, 만약 부하가 "지금 방문 영업 전화를 월 50건밖에 걸지 않아서, 100건으로 늘려보겠습니다"라고 정했다면, "그럼 같이 힘내봅시다. 일단 전화 거는 연습을 함께 해보시죠."

이렇게 함께 고민해본다면, 다음 달에는 '목표를 달성했다'라며 기쁨과 달성감을 맛볼 수 있을 것이다.

이처럼 작은 성공 체험을 매일, 매월 쌓아간다면 성장의 계단을 차근차근 오를 수 있게 된다.

과정을 세분화하고 각각의 목표를 설정한다. 그리고 매일 그 진척도를 공유하고 그때마다 필요한 조언을 해준다.

부하 관점에서 보면 거북할 수 있고, 상사 입장에서는 귀찮을 수 있지만, 단점을 보완하고도 남을 엄청난 효과가 날 것이라고 단언한다.

외출 보고를 통해 업무 진척도를 공유
― 외출 이후뿐만 아니라, 외출 전에도 부하의 이야기를 듣자

부하의 업무 진행 상황을 세부적으로 파악하기 위해, 키엔스에서는 **'외출보고(外出報告)=외보(外報)'**라는 방식을 활용한다.

부하는 외근 전날과 외근 후 복귀했을 때 총 두 번, 외근 내용에 대해 상사에게 보고한다. 단 몇 분으로 끝나는 경우도 있고, 길어지면 30분 정도 걸릴 때도 있다.

부하 직원이 많은 상급자는 상당한 부담이 되지만, 부하 입장에서는 장점이 꽤 있으므로 아무쪼록 여러분의 회사에서도 도입을 권한다.

외근 전날 보고의 경우, 부하가 다음 날 방문할 거래처가 어디이며, 어떤 내용을 이야기할 예정인지 보고한다. 중요한 거래처라면 상사가 먼저 "어떤 식으로 이야기를 진행할 건가요?"라고 질문하고, 필요하다면 그 자리에서 역할극을 하거나 준비 자료에 대한 조언을 해주는 등 함께 준비를 도와준다.

또한 상사는 그 부하가 현재 어떤 목표를 어느 정도 달성했는지 파악하고 있으므로, 만약 면담 건수가 부족한 상태라면 다음과 같은 충고도 해줄 수 있을 것이다.

"인사만 하고 와도 되니까, 중간 남는 시간에 회사 한 군데만 더 돌고 오면 어떨까요?"

부하 관점에서는 나중에 "아뿔싸, 그렇게 할 걸 그랬네"하고 후회할 일이 없어지므로, 외근을 효율적으로 진행할 수 있다.

부하의 자기 인정 욕구를 충족시키는 한마디

외근 후 보고에서는 당일의 일정 및 사전에 목표로 한 내용을 달성했는지 여부를 확인하고, **진척도를 체크하여 '다음 한 수'에 대해 논의하기도 한다.**

군이 사후 확인까지 하는 것을, '부하를 믿지 않나 보네', '관리를 너무 엄하게 한다'라고 생각할 수도 있지만, 그건 틀리다.

제1장에서 누군가에게 인정받고 싶어 하는 '자기 인정 욕구'에 대해 이야기한 것을 기억하는가.

인간의 욕구는 식욕이나 수면욕 같은 '생리적 욕구'에서부터, 가장 높은 단계인 '자아실현 욕구'까지 총 5단계가 있는데, 자기 인정 욕구는 두 번째로 충족하기 어려운 욕구라고 설명한 바 있다.

고생해서 거래처를 돌고 결과를 보고하자, 상사가 다음과 같이 말해줬다면 어떤 기분이 들까?

상사

"목표대로 결과를 달성했네요. 훌륭합니다."

상사

"계약을 따냈군요. 대단해요."

부하는 자기가 직접적으로 느낀 달성감에 더해, 자기 인정 욕구까지 한껏 충족될 것이다.

만약 계약을 못 따냈거나 면담을 생각한 대로 진행하지 못했다면, 이 또한 상사가 나설 차례다.

"다음에 비슷한 상황이 벌어지면, ○○를 좀 더 신경 써봅시다"라고 조언을 해주거나, "성장할 수 있는 부분을 하나 배웠네요", "마음을 다잡고 다른 거래처에 영업해보시죠"라고 동기 부여하는 한마디를 건네는 것은 어떨까.

그러면 부하는 "내일부터 다시 힘내야지"라고 재기를 다짐할 수 있을 것이다.

실무적인 의미에서든, 정신적인 측면에서든, 부하가 외근 전후로 상사에게 보고하는 구조는 부하 쪽에 많은 도움이 된다.

우선 '질보다 양'으로 성공 체험을 적립한다
— '작은 성공'을 쌓아 재현성을 높인다

과정별로 세분화한 목표를 세우고, 상사가 이를 세세하게 감독, 파악하며, 외근 전후로 상사가 내용을 확인한다.

지금까지 부하를 위한 사랑받는 기술에 대해 설명했는데, 부하의 관점에서 보자면, **'작은 성공 체험을 적립한다'**라는 한마디로 나타낼 수 있을 것이다.

전화 건수, 면담의 수 등의 작은 목표를 하나하나 달성해 간다.

외근 나갈 때마다 상사에게 결과를 보고하고 격려의 말을 듣는다. 그런 하나하나가 부하에게는 성공 체험이 된다.

미국의 심리학자인 바버라 프레데릭슨(Barbara Fredrickson) 교수의 '확장-형성 이론'에 따르면, 인간은 '성공 체험으로 긍정적인 감정을 갖는다 →자신감을 얻는다 →업무 범위를 확장한다 →새

로운 지식과 기술을 습득한다→성장한다'라는 흐름으로 성장한다는 것이다.[1]

상사라는 입장에서 부하가 성공 체험을 많이 쌓을 수 있도록 환경을 만들어 주면, 부하의 성장이 촉진되며 나아가 팀 전체의 성과도 최대화할 수 있게 된다.

다만, **부하에게 성공 체험을 경험시켜줄 때, 한 가지 주의해야 할 점이 있다.** 그것은 '일단은 질보다 양을 중시한다'이다.

'질보다 양'이라는 표현은 보통 부정적인 느낌을 주는데, 여기서는 매우 중요한 사고방식이므로 자세히 설명하겠다.

질을 우선하면 양을 늘리지 못한다

부하가 어떤 고객에게 전화를 걸어 면담 약속을 잡고 진행을 잘해서 계약까지 이르렀다고 하자.

아주 훌륭한 성공 체험이지만, **만약 이 부하가 이 하나의 안건에만 1주일 가까이 매달렸다고 한다면, 과연 어떨까.**

준비에 준비를 거듭하고, 상대방의 상황에 맞추어 몇 번이나 방문하고, 까다로운 요청에도 전부 대응하여, 마침내 계약을 따냈

　최강의 일하는 방식 **키엔스**

다. '잘했어요'라고 칭찬해주고 싶은 마음도 있지만, 잠깐 기다려 보자.

그렇다면, 계약을 따내기 위해 다른 고객에게도 똑같은 방식으로 임할 것인가.

업종 및 상품, 서비스의 금액대에 따라 달라지긴 하겠지만, 대체로 한정된 시간 안에 목표를 달성하려면 하나의 거래처에만 그렇게 오랜 시간을 할애할 수 없다.

요컨대, **이 한 건의 계약은 따냈지만, 앞으로의 재현성은 낮은 성공이라 하겠다.**

다소 과할 정도의 관심과 시간 배분으로 손에 넣은 성공 체험은, 더 많이 해보고 싶다고 똑같은 방식으로 일을 하다가는 양을 늘릴 수가 없게 된다.

질을 우선하면 양을 늘리지 못한다. 그래서 성공 체험은 '질보다 양'을 중시해야 한다. '성공 체험을 적립한다'가 아니라, '작은 성공 체험을 적립한다'라고 쓴 이유가 그것이다.

하나의 사안에 너무 많은 힘을 주기보다, 실패도 괜찮으니 우선 도전을 많이 해보자. '하나의 커다란 성공 체험'을 추구하는 것이 아니라, 업무량도 소화하면서 작은 성공을 쌓아나가는 것이다.

바꾸어 말하면, **'여러 번 타석에 서려면 효율화와 연구를 거듭하면서 동시에 체력, 정신력을 길러야 한다'**라고 할 수 있다.

물론 작은 계약은 눈길도 주지 않고 대형 계약이 기대되는 고객에게만 주력하는 영업 스타일도 있긴 하다.

이를 완전히 부정하는 것은 아니지만, 조금 전 말한 것처럼 '이 고객으로부터 무조건 계약을 따내겠어'라는 생각으로 면담에 임하게 되면 고객에게 압박감을 줄 위험이 있다.

내 경험상, 그런 면담은 고객에게 위화감을 들게 만들어, 목표한 바의 성과를 얻기 어려운 경우가 많다. **많은 실적을 내는 사람은 단 한 명의 예외도 없이 모두 '양'을 추구한다.**

경험이 적은 부하가 당장 직면한 사안 하나에 전력으로 임하는 자세는 높이 살 수 있지만, 상사라는 입장에서 이를 바라만 보고 응원하면 안 될 것이다. 우선 '양'을 추구하고, 이후에 사안 하나하나의 '질'을 향상해야 한다.

참고 문헌
*1 The Role of Positive Emotions in Positive Psychology: The Broaden-and-Build Theory of Positive Emotions, Barbara L. Fredericson, 2001

제5장

꿈을 이루게 하는 정신력을 기른다

평생에 걸쳐 활약하는 사람의
'부가가치'

기본기
13

모든 사람으로부터 배움을 얻는다
— '건방진 젊은이'의 고뇌를 구한 상사의 한마디

지금까지 설명한 기본기와 사랑받는 기술은 회사원의 업무를 기반으로 내가 키엔스에서 재직 중에 갈고 닦은 것들이다.

그러나 인디드(Indeed)의 조사에 따르면, 현재 취업 중인 정사원(20~50대) 중 약 60%가 이직을 경험했다고 한다.[1] 회사에 소속되지 않은 채 프리랜서로 일하거나, 창업하는 사람도 드물지 않다(나도 그중 한 명이다). 모든 이가 회사라는 우산으로 보호받은 '회사원'이 아니라, 한 사람의 '사회인'으로서 자신의 실력과 가치를 평가받는 시대인 것이다.

마지막 장에서는 이 사회에서 압도적인 평가를 받는 '군계일학'이 되기 위한 사랑받는 기술을 설명하겠다.

내가 키엔스 재직 중에 해외 주재원으로 나갔을 때, 현재 사장인 나카타 유우 씨(당시에는 사업부장)와 매달 한 번씩 미팅을 했다. 그때 나카타 씨의 한마디를 지금도 잊지 못한다.

"누구나 자신만의 강점과 특징이 있습니다. 종합적으로는 좋아하지 못하더라도, 모든 사람으로부터 그들의 장점을 배우도록 합시다."

당시의 나는 존경할 만한 부분이 없거나 우수하다는 생각이 들지 않는 상사에게 반발하기도 하고, 충고를 들어도 귀담아듣지 않는 건방진 청년이었다. 그런 모습을 본 나카타 씨가 깨우치려는 듯 내게 말했다.

"자네의 향후 성장에 저해가 될 수 있으니 지금 말해두겠네. 일할 때는 상대방에게 화가 난다거나 누가 싫다는 감정은 전부 버리게나"

존경하는 선배인 나카타 씨의 말을 듣고, 나는 머리를 강하게 얻어맞은 듯한 충격을 받았다.

그리고, 어제까지만 해도 '보고 있으면 화가 난다'고 느꼈던 상사 또한 '회사에서 좋은 평가를 받고 승진한 데는 다 이유가 있다'라는 당연한 사실을 깨닫고, 그의 강점을 본받아야겠다고 진지하게 생각하게 되었다.

그랬더니 지금까지 대립했던 상사와의 관계 또한 놀랄 만치 개선되었고, 큰 도움이 될 만한 조언도 여러 차례 받았다.

키엔스를 퇴사하고 M&A업계로 이직하고 나서도, 거기서 근무하던 젊은 사원들, 그중에서도 대학을 갓 졸업하고 입사한 지 반년쯤 된 신입 사원으로부터 겸허하게 새로운 업계의 지식을 배웠으며, 결과적으로 빠르고 큰 어려움 없이 새 업무에 익숙해질 수 있었다.

이 또한 나카타 씨의 가르침 덕분이다.

초밥집 사장님의 말투와 행동에서 이따금 나타나는 '프로 의식'

창업한 후에는 선배 경영자와 만나거나 다양한 강연을 듣는 등의 기회가 늘었는데, 언제나 나카타 씨의 가르침을 가슴에 품고 '여기서 꼭 뭔가 좋은 걸 배워 가야지'라고 생각하며 여러분의 말씀을 열심히 경청하고 있다.

지금의 자신과는 완전 차원이 다른 얘기일지라도, 나중에 분명 도움이 될 것이다.

실패담이라고 하더라도, 그 안에는 '실패의 법칙'이 숨겨져 있을 것이다.

그렇게 생각하면 메모하는 손에 자기도 모르게 힘이 들어간다.

일상 속의 생각지 못한 상황에서도 마음에 울리는 배움이 존재한다.

최근 회식으로 찾은 초밥집의 사장님이 내게 말했다.

"노안이 온 것 같지만, 초밥 장인이 안경을 쓰고 있으면 볼품이 없어 보일까 봐 안 씁니다."

이 말을 듣고, 나는 '풍류'를 중시하는 장인의 미학을 배웠고, 내 외모에도 더 신경을 써야겠다고 반성했다.

  카페의 점원으로부터는 멋진 미소와 배려를, 전철에서 공부하고 있는 학생으로부터는 이동 시간조차 허비하지 않는 자세를, 택시 운전사로부터는 앞을 먼저 읽고 움직여야 한다는 것을, 식당 여사장님으로부터는 매일 변함 없는 안도감을 배운다.

  '모든 사람에게서 배운다'라고 다짐하기만 해도, 매일, 아니 일분일초마다 자신을 더욱 성장시킬 수 있다.

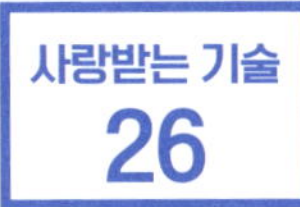

넘버원이 되겠다고 공언하다
— 1등을 유지하기가 어려움을 아버지로부터 배우다

내게 친근한 '선생님'으로서 큰 존재감을 가진 사람이 카나가와 현에서 어업을 하고 계신 아버지이다.

아버지는 카마쿠라 시대로부터 700년 이상 이어져 온 전통 어업을 계승하였으며, 50년 정도 전에 처음으로 붕장어 어업에 도전하여 지금은 붕장어 어업의 달인으로 '더 철완 DASH(니혼 텔레비전 계열)' 등의 예능 방송에도 여러 번 출연한 바 있다.

아버지의 어업은 미끼가 안에 들어있는 염화비닐 파이프를 바다에 넣고 다음 날 끌어 올리는 '통발 어업' 방식이다.

처음 배를 타고 아버지의 어업에 동행한 것이 내가 대학생 때였다. 하루 1만 엔을 준다는 말에 끌려, 아르바이트 느낌으로 참가한 것이다. 그때는 '아버지 일이 참 힘들구나' 하고 막연히 생각했는데, 사회인으로 10년 이상 근속하고 30대가 되어 아버지가 일하는 것을 다시 보고 나니, 새삼 가슴 깊은 곳에서부터 존경심이 치밀어 올랐다.

통발을 넣는 장소는 그날그날 다르다. 육지에서 가까운 곳일 때도 있고, 멀리 연안까지 갈 때도 있다. 일기 예보는 물론이고 수온, 풍향, 파고, 산소 농도, 현재 잡히고 있는 생선의 상태, GPS를 통한 과거의 정확한 조업 위치 및 어획량 실적 등, 다양한 데이터를 참고하여 가설과 검증을 거듭하고, 다시 새로운 가설을 세워 통발을 넣을 장소를 정한다.

통발 안의 내용물 또한 예전에는 정어리였지만, 오징어를 섞는 등 개량을 반복하고 있다.

아버지가 끌어 올린 통발에서 금색으로 찬란히 빛나는 붕장어가 차례로 모습을 드러내는 광경은 마법과도 같았다.

그런 아버지에게 통발 어업 기술을 전수 받기 위해 전국에서 어부들이 찾아온다.

어렸을 때부터 **"우리 항에서 붕장어를 가장 많이 잡는 게 너희 아**

빠야"라는 말을 들었지만, 30대가 접어들어서야 비로소 그 배경에는 아버지의 뛰어난 연구와 정보 수집 및 분석, 부단한 개선과 보완 등의 노력이 있었다는 것을 알게 되었다.

"1등이 될 거야"

말로 하는 건 쉽지만, 실제로 이를 달성하려면 엄청난 노력이 필요하다.

"1등이 될 거야"라고 말하고 실제로 이를 달성한 후, 계속하여 1등을 유지하는 것은 정말로 어려우면서도 멋진 일이다. 그나마 내가 키엔스라는 조직에서 영업 실적 1등을 하면서, 아버지의 위대함을 겨우 이해하게 되었는지도 모른다. 지금의 내게 아버지는 세상에서 가장 존경할 만한 존재 중 한 명이다.

영원히 온리 원(Only one)일 수는 없다

'넘버원보다 온리 원을 목표로 해야 한다.'
이 말이 좋다는 의견도 있지만, 아무래도 자신을 더 성장시키려면 적어도 'No.1(넘버원)을 목표로 하는 것'이 중요하다고 생각한다(결과적으로 온리 원인 특별한 인간이 된다면 더 멋지지 않은가).

얼마 전에 레드오션과 블루오션이라는 말이 유행한 적이 있다. 경쟁 상대가 많은 기존 시장(레드오션)에서 승부하기보다, 아직 아무도 손대지 않은 망망대해(블루오션)으로 가라는 뜻이니, '넘버원보다 온리 원'이라는 말에 가까울 것이다.

아무 경쟁 없이 이익을 얻을 수 있으니 매우 훌륭한 전략이긴 하다.

하지만 이 세상에서는 영원히 온리 원으로 남을 수 없다.

아버지는 고향에서 처음으로 붕장어 어업에 도전했다.

그 시점에서는 온리 원이었는데, 아버지는 동료 어부들에게 흔쾌히 노하우를 전수하였고 이윽고 많은 어부가 붕장어 어업을 하게 되었다. 그럼에도 불구하고 아버지는 항구의 넘버원을 계속 유지하고 있다.

온리 원에게도 결국은 라이벌이 나타나게 되어 있다. 그 라이벌을 전부 물리치고 넘버원을 목표로 삼아야만 자신이 있을 곳을 잃지 않는다.

일단은 무주공산에서 온리 원이 되거나 작은 팀에서 넘버원이 되자. 그리고 팀 내에서 넘버원, 전사에서 넘버원, 업계에서 넘버원, 나아가 사회 전체에서 넘버원이 되라고까지는 말하지 않겠지만, 마음가짐이 중요하다는 소리이다.

회사 및 사회에서 특출난 평가를 받는 인재가 되려면 언제나 넘버원을 목표로 삼는 마음가짐과 이를 위해 전력을 다하고 노력을 게을리하지 말아야 할 것이다.

나는 아버지로부터 그것을 배웠다.

사랑받는 기술
27

공(公)과 사(私)를 명확히 구분한다
— 2차 모임은 가지 않고, 주말 골프도 거절한다

아버지에게서 배운 또 하나의 교훈은 **'일할 때는 일에만 집중한다'**는 자세이다.

아버지는 일하러 나간 동안에는 잠깐의 휴식 시간 외에는 오로지 일에만 집중했다.

아버지는 내가 대학생이 될 때까지 배에 태워주지 않아서, 어렸을 때는 아버지가 항구에서 어업 도구를 손질하는 것만 봤지만, 그때도 언제나 온 신경을 기울여 집중하는 모습으로 기억한다. 긴장을 늦추거나 빈둥거리지 않고, 일 이외에 한 눈도 팔지 않는 사람이었다.

내가 대학을 졸업하고 입사한 **키엔스는 평일에는 일정이 꽉 차고 바빴지만, 퇴근 후에 회사의 휴대전화와 노트북, 자료 등을 집에 갖고 가는 것은 원칙적으로 금지 사항이었을 정도로 공사 구분이 엄격한 회사였다.** 하지만 줄곧 아버지의 모습을 보아왔던 나는 그것이 당연하다고 여겼다.

그런데 어느 날, 지인이 이런 말을 해서 무척 놀랐다.

"영업이면 한가한 시간이 영화 같은 것도 볼 수 있어서 좋겠어"

세상에는 '영업 사원'이라고 하면 '시간에 구애 받지 않는다'거나, '낮잠을 잘 수 있다', '카페에서 시간을 때운다' 등의 이미지를 갖고 있는 사람도 있다는 것을 처음 알게 되었다.

영업이든 어업이든, 기타 다른 어떤 일이든지, 업무 중에 일 이외의 행동을 하거나 생각하기에는 시간이 너무 아깝다. 반대로, 퇴근 후에 집에 일을 갖고 가면 피로를 제대로 회복하지 못해서 다음 날 업무에 집중하지도 못할 것이다. 지금까지 이 책을 읽은 여러분이라면, 입바른 소리나 이상론이 아니라 내가 진심으로 그렇게 생각한다고 이해할 것이다.

지금 돌이켜보건대, 나는 프로페셔널한 직장인의 마음가짐을 아버지로부터 자연스럽게 터득한 것 같다.

휴일은 쉬는 데 집중한다

278페이지의 그림은 내 스마트폰에서 옮긴 어느 3일간의 일정 표이다. 딱히 바쁜 날은 아니었으며, 평균적인 일정인 부분으로 골라냈다.

독립한 경영자가 된 지금은 업무 개시와 종료 시간이 정해져 있진 않으나, 기본적으로 9시부터 17시를 업무 시간으로 설정하고, 넣을 수 있는 범위에서 일정을 잡는 편이다.

물론 **업무 시간에 운동이나 미용실 등의 개인적인 일정은 절대 넣지 않는다.**

또한 평일 밤에도 업무와 상관 없는 일정은 넣지 않으며, 고객 및 업무 관계자와의 회식에 할애한다.

2차 모임은 가능한 한 거절하고, 오후 9시 30분에는 집에 가 쉬는 것이 나의 기본적인 루틴이다.

제2장에서 고객과의 방문 영업 약속을 많이 잡아 일정에 넣는 방법에 대해 설명한 바 있다.

경영자가 된 지금도 기본은 똑같다. 약간 다른 점은, 면담 이외에 사무 작업 등 다양한 업무를 해야 하므로, 이를 위한 시간도 확보해야 한다는 것이다.

평일 낮에 골프나 야외 활동을 하자는 요청도 들어오지만, 아무리 업무상 관계라 하지만 업무 시간을 할애하는 것에 대한 거부감이 있어서 거절하는 편이다.

이 책을 쓰는 것과 관련하여 편집부와 미팅을 하는데, 내 일정표를 힐끗 본 편집자가 "엄청 금욕적이신 것 같아요"라고 놀라워했다. 내 입장에서는 아버지의 모습과 키엔스에서 배운 것들을 당연한 듯 실천하는 것뿐이다보니, 오히려 그들이 놀라는 모습이 더 놀라웠다.

업무 중에는 일에만 집중한다.

오로지 이 단순한 규칙만 마음에 새기면, 수많은 업무를 효율적

어느 3일 동안의 일정표

	월요일	화요일	수요일
7:00	운동		운동
8:00			
9:00	이벤트 장소 확인	온라인 회의	지원처와 미팅
10:00	면담		
11:00	면담	발주처와 미팅	
12:00		사내 작업	온라인 회의
13:00		채용 면접	고객과 회식
14:00	지원처와 미팅		
15:00		면담	
16:00	사내 회의	지원처와 미팅	지원처와 미팅
17:00			
18:00			경영자 스터디 모임
19:00	경영자 교류회	고객과 회식	
20:00			선배와 회식
21:00			

으로 처리할 수 있고 업무 외 시간에는 심신을 쉬도록 하여, 일과 사생활의 양립이 가능하다.

반대로 조금이라도 이 규칙을 어기고 해이해지면, 업무 시간에는 빈둥거리고 업무 외 시간에는 일에 치일 것이다.

이런 점에 있어서, 키엔스의 '공사 구별' 원칙이 큰 영향을 끼치고 있다고 생각한다.

사랑받는 기술
28

목표→프로세스→무조건 해낸다
— 업무의 동기 부여를 높이는 '행동 구조'

내가 꺼낸 말이긴 하지만, 업무 일정을 잡는 것과 동기 부여를 높게 유지하면서 집중하여 그 업무에 임하는 건 각각 개별적인 문제이다.

나 역시 독립하고 한동안은 동기 부여가 되지 않아 업무에 집중하지 못하는 시기가 있었다.

당시 건강을 위해 다니기 시작한 킥복싱 체육관에서 훈련하던 중, 그 원인을 알게 되었다.

킥복싱 연습은 트레이너가 지켜보는 가운데 2분간 트레이닝과 1분간 인터벌을 반복하는 형태이다. 예컨대, 2분간 샌드백만 두들기는 건데, 실제 해보면 엄청 힘들다. 1분 남은 시점에 이미 숨이 차고 팔도 못 들어올리는 상태가 되어, '이제 더이상 못 하겠어', '오늘은 이쯤 해두자'라는 생각이 들면서 멈추고 싶어진다.

그런데 이때 트레이너의 고함이 들리며 내게 힘이 되어 준다.

"30초 남았어! 포기하지마!"
"이제 10초, 마지막까지 최선을 다해!"

그 목소리가 내 등을 떠밀며 결국 2분간의 연습을 끝까지 해내는 것이다.

이를 반복하는 사이에 연습이 끝나고 나면 업무에 대한 동기 부여 또한 쭉 올라가는 것을 느낀다.

업무 방식과 트레이닝은 의외로 관련이 있다

체육관에서의 연습과 업무에 대한 동기 부여 사이에 어떤 관련성이 있는지 궁금해진 나는, 체육관 훈련과 영업 사원으로서 내가 실천해 온 업무 방식간에 공통점이 있다는 것을 발견했다.

'❶원대한 목표를 정하고, ❷그 실현을 위해 필요한 단기적 목표를 정한 후, ❸각 과정으로 세분화하여, ❹무조건 끝까지 해낸다'라는 행동 패턴이 그것이다.

제4장에서도 설명했듯이, 키엔스에서는 매월 매출 목표를 '방문 영업 전화 건수, 면담의 수, 견적의 수' 등 과정별로 세분화하여 결과만이 아니라 과정도 평가 기준으로 삼는다.

당시의 내 목표를 살펴보겠다.

영업 실적 전사 1위=❶

이를 위해서는 월별 매출 목표보다 압도적으로 많이 달성해야 하므로=❷

달성을 위해 필요한 면담의 수 등 과정별 목표와 전략을 수립하여=❸

그것을 무조건 끝까지 해내야 한다=❹

사실 이러한 행동 패턴이야말로, 온 힘을 다해 업무에 집중하도록 만드는 동기 부여의 원천이라는 것을 깨닫게 되었다.

작은 달성을 거듭하면서 자기 긍정감을 높이고, 그런 실적의 누적이 큰 성공으로 이어지며, 마침내 커다란 자기 긍정감을 낳는다.

키엔스에서 '넘버원 자리를 계속 유지한다'라는 목표를 위해 전력 질주한 나는 자기도 모르는 사이에 그런 행동 패턴이 몸과 마음에 저절로 밴 것이다.

'끝까지 해내는 사람'이 되기 위한 4단계

체육관 훈련은 궁극적으로 '강해진다'라는 목표가 있다=❶

이를 위해 잽, 훅, 스트레이트, 로우 킥, 미들 킥 등의 펀치 및 킥, 그리고 블록과 스웨이, 더킹 등의 수비 기술, 거기다 시합 내내 계속 움직일 수 있도록 지구력 등의 개별 요소를 단련하는 것이 단기적 목표=❷

그것들을 2분간의 트레이닝과 1분간의 인터벌이라는 짧은 훈련으로 세분화하고=❸

그 3분간은 무슨 일이 있어도 끝까지 포기하지 않고 해내며, 이를 반복한다=❹

회사원일 때는 회사의 제도로써 부여받은 이 행동 패턴이 실제로는 나의 업무에 대한 동기 부여의 원천이 되어 있었다는 것을 킥복싱 훈련을 통해 깨닫게 되었다.

따라서 **여러분도 한 번 실천해보도록 하자**. 우선 종이와 노트를 준비하며, 태블릿이나 노트북도 상관없다.

1. 원대한 목표를 세운다

우선 큰 목표를 설정한다. 목표의 크기는 자유롭게 해도 된다. ❶~❹에서의 크기이므로, 절댓값으로 '큰' 목표일 필요는 없다.

핵심은 '앞으로 되고 싶은 자신의 모습'을 상상하는 것이다. 키엔스 근무 시절의 나는 '연간 영업 실적 전사 1위'였고, 지금은 '국내에서 실력 없는 영업 사원을 0으로 만든다'라는 거창한 목표가 있다.

여러분도 규모에 연연하지 말고, 자유롭게 목표를 설정해보자.

2. (1)을 실현하기 위해 필요한 단기적 목표를 정한다

원대한 목표를 세웠다면, 그것을 달성하는 데 필요한 단기적 목

각 목표 설정 사례

1. 원대한 목표	2. 단기적 목표	3. 과정
영업 실적 전사 1위	다음 달 영업 목표 150% 달성	하루 10건 방문 영업 잡기
풀 마라톤 완주	10km를 90분에 뛴다	매일 아침 5km를 40분에 뛴다
토익 700점	모의고사에서 600점 넘기	매일 1시간 AI 영어 회화
자산 1억 엔	매월 10만 엔 저축	외식하지 않고 도시락 싸기

표를 정해야 한다. 예컨대, 목표가 '팀 내 영업 실적 1위'라면, 단기적 목표는 '이번 달 영업 목표 150% 달성' 등일 것이며, '반년 안에 체중을 5kg 줄인다'라면 단기적 목표는 '앞으로 한 달에 1kg씩 줄인다' 등이 될 것이다.

3. (2)를 작은 과정들로 세분화한다

다음으로, 그 단기적 목표를 달성하는 데 필요한 과정들을 세분화한다.

조금 전 사례를 들자면, 영업 실적의 경우 '하루에 10건 방문 영업 약속을 잡는다'거나, '사전준비를 완벽히 한다' 등이 되겠다. 그리고 다이어트의 경우에는 '밤 10시 이후 금식', '매일 아침 1시간 걷기' 등일 것이다.

4. (3)을 무조건 끝까지 해낸다

작은 과정들로 세분화했다면 그다음은? 그렇다, 끝까지 해내는 것뿐이다!

끝까지 해내야 충실감과 자기 긍정감이 생기며, 다음 단계로 나아갈 수 있는 동기 부여도 된다. 이를 반복하여 작은 달성을 누적시키면, 단기적 목표를 달성할 수 있으며, 마침내 원대한 목표도 달성하게 된다. 이 행동 패턴을 몸에 배도록 만든다면, 당신의 일생에 '부가가치'가 더해질 것이다.

참고 문헌
*1 Indeed Japan주식회사 보도 자료, '이직 관련 5개국(독일, 미국, 영국, 일본, 한국) 비교 조사 실시', 2023년 6월 27일

다음 세대를 위한 사랑받는 기술

'존경하는 사람'에 대해 다시 한번 말하겠다.

도쿄만 인근 해역에서 붕장어 어업에 종사하는 아버지가 쓰시는 '붕장어 통발'의 옆면에는 직경 1.3㎝ 정도 되는 작은 구멍들이 여러 개 뚫려 있다.

그것은 통발에 잘못 들어간 치어들을 도망치도록 하기 위한 구멍이다. 어획량이 감소하는 현 상황을 인정하고, 자원을 고갈시키지 않도록 시행착오를 거듭하여, 어업의 대상인 성체는 가두고 성장 중인 치어만 돌려보낼 수 있는 크기를 찾아낸 것이다.

아버지는 종종 이렇게 말씀하셨다.

"한 번 통발에 들어간 물고기를 놓아준다는 데 거부감이 들긴

했지만, 어획량에는 변동이 없었어. 어업은 언제나 공부해야 하고, 그 해답은 물고기가 알려주지"

아버지가 고안한 구멍 뚫은 통발은 도쿄만 인근 해역의 모든 어부에게 퍼졌고, 근래 들어 아버지는 무성한 해조류로 인해 물고기들이 사는 집이 되기도 하는 '다시마 숲'의 재생을 연구 중이다. 농림수산부 장관상까지 받는 걸 보면, 나의 아버지이지만 정말 대단한 분이라고 생각한다. 치어를 놓아주는 어법 및 다시마 숲 재생은 그 목적이 자신의 어획량을 늘리기 위해서만은 아니다. 앞으로도 도쿄만 인근 해역에서 계속 해산물을 생산해낼 수 있도록 만들고, 풍요로운 바다를 후손에게 남기기 위함이다.

원래대로라면 '다음 세대'인 내가 어업을 전혀 모른다는 것을 부끄러워해야 하나(언젠가는 내 회사에 어업 부문을 만들고 싶다는 야망은 있다), 내가 아버지로부터 배운 것은 '다음 세대를 위해 내가 할 수 있는 일'이 무엇인지 찾고, 이를 실행하는 자세이다.

'실력 없는 영업 사원을 0으로 만든다'

내가 아직 어린아이였던 1990년 무렵, 회사의 가치를 나타내는

  최강의 일하는 방식 **키엔스**

시가총액 기준 순위로 전 세계 10위 중 7개 회사가 일본 기업이었을 정도로 일본은 세계 경제의 중심이었다.

이후 거품이 꺼지고 상황이 나빠지긴 했지만, TV로 방송되는 세계적인 스포츠 이벤트의 현장 광고에는 여전히 많은 일본 기업이 그 존재감을 과시하였고, 아이들도 마음속으로 '일본은 대단하지, 일본 기업도 굉장해'라고 생각하던 시절이 있었다.

그러나 그 후에 일본 경제는 '잃어버린 30년'이라 불릴 정도로 장기 침체의 국면을 맞이했다.

많은 일본 기업이 글로벌 시장에서 존재감을 잃고, 해외의 스포츠 중계 영상에서는 아시아계 기업 광고가 세력을 떨치고 있다(오타니 쇼헤이 선수가 나오는 메이져 리그 경기는 예외).

TV 등의 매체는 일본을 방문하는 외국인에게 카메라를 들이대고 "일본은 대단해요!"라고 외치게 만들어서 어떻게든 일본인의 자존심을 지키려 한다. 하지만 지금 상태로는 아이들이 '일본 기업 대단해'라고 느끼지도 못할뿐더러, '우수한 인재도 점점 해외 기업으로 빠져나가지 않을까'라고 심각하게 걱정이 된다.

내가 '실력 없는 영업 사원을 0으로 만들고 일본 경제를 다시금 강하게 하겠다'라는 목표를 내걸고 창업한 이유는 그런 현상을 타개하기 위해서다. 다음 세대를 위해, 일본 기업이 힘을 되찾고 세계 속에서 존재감을 나타내기 위해, 내가 할 수 있는 것이 무엇일까. 그렇게 고민한 결과, 내가 습득한 영업 기술을 일본의 모든 회사원에게 전수하고 일본 기업의 역량을 끌어 올리는 것이야말로, 평생을 걸쳐 해야 할 일이라고 생각했다.

단지 영업 사원인 주제에 무슨 일본 경제를 논하냐고 코웃음 칠지도 모르지만, 아무리 원대한 목표라 해도 작은 한 걸음에서 시작된다. 나는 오로지 스스로 정한 목표를 향해 매일매일의 과정에 최선을 다할 뿐이다.

우선 이 책이 여러분의 힘이 되고, 이 책을 읽은 여러분이 일본 전체를 힘내게 할 수 있기를 진심으로 기원한다.

이 책을 끝맺으면서, 울렁증에 눌변이던 나를 '특별 전형'으로 뽑아주고 어엿한 영업 사원으로 성장시켜준 키엔스와 거기서 함께 일한 모든 선배, 동료, 후배들에게 감사의 말을 전한다.

내 비즈니스 DNA에 키엔스 스타일은 깊게 새겨져 있으며, 키엔스가 나의 '비즈니스 호적상의 부모'라고 해도 과언이 아닐 것이다. 그 부모님으로부터 두 글자를 따서, 내 회사 이름을 '키레이즈(KEYRAISE)'라 붙였다. 그리고 프로페셔널의 마음가짐을 가르쳐

주신 아버지와 어렸을 때부터 내가 하고 싶은 것이 무엇이든 전력
으로 응원해주신 어머니에게도 감사드린다. 해상에서 사고에 휘
말린 동료를 돕기 위해 나간 아버지와 이를 곧은 시선으로 전송한
어머니로부터, '일은 결코 혼자서는 할 수 없다'라는 것을 배웠다.
두 분의 가르침이 나의 사랑받는 기술의 원류이다.

　마지막으로, 일본 기업의 역량을 끌어 올리겠다는 내 터무니없
는 꿈에 귀를 기울여주고, 이 책의 출판에 힘써주신 편집 담당 오
스미 겐 씨, 구성에 협력해주신 카미쿠리 다카시 씨, PHP연구소의
여러분에게도 진심으로 감사드린다.

이 책을 읽어주신 여러분께.
여러분과 제 마음이 하나가 되었다면 그 이상 바랄 나위 없습니다.

사이타 신지

최강의 일하는 방식

키엔스

신입부터 베테랑까지,
최단 시간에 최대의 성과를 내는 간단한 규칙

지은이 **사이타 신지**
옮긴이 **강모희**

1판1쇄 발행 2026년 5월 8일

책임편집 **최상아**
북코디 **밥숟갈(최수영)**
편집&교정교열 **주항아 최진영**
표지-본문디자인 **공간42**
마케팅 **김낙현**
편집협력 **가미구리 다카시**

발행인 **최봉규**
발행처 **지상사(청홍)**
등록번호 **제2017-000075호**
등록일자 **2002년 8월 23일**
주소 서울특별시 용산구 효창원로64길 6(효창동) 일진빌딩 2층
우편번호 04317
전화번호 02)3453-6111 팩시밀리 02)3452-1440
홈페이지 www.jisangsa.com
이메일 c0583@naver.com

한국어판 출판권 ⓒ 지상사(청홍), 2026
ISBN 978-89-6502-362-3 (03320)